초급 학습자를 위한 **EASY VIETNAMESE**

참 쉬운 베트남어 2

- OPIc 표현집 별책 제공
- MP3 파일 무료 다운로드

JRC 언어연구소 기획 | 홍빛나 저

맛있는 books

참 쉬운 베트남어 👍 ②

초판 1쇄 인쇄	2020년 7월 10일
초판 1쇄 발행	2020년 7월 20일

기획	JRC 언어연구소
저자	홍빛나
감수	즈엉 티 투 흐엉
발행인	김효정
발행처	맛있는books
등록번호	제2006-000273호
편집	최정임
디자인	이솔잎 l 유효정
제작	박선희
영업	강민호 l 장주연
마케팅	이지연
삽화	박은미

주소	서울 서초구 명달로 54 JRC빌딩 7층
전화	구입문의 02·567·3861 l 02·567·3837
	내용문의 02·567·3860
팩스	02·567·2471
홈페이지	www.booksJRC.com

ISBN	979-11-6148-044-2 14790
	979-11-6148-042-8 (세트)
정가	16,500원

베트남어를 공부하는 여러분은 베트남어가 정말 "참 쉬운 언어"라고 생각하시나요?

베트남어의 수요가 그 어느 때보다 높아지는 요즘, 많은 사람들이 사업, 취업, 수능, 공무원 시험, 관광, 결혼, 이민 등 너무나도 다양한 이유로 베트남어를 공부하고 있습니다. 베트남어 교육 시장에도 이에 발맞추어 많은 교재들과 학습 과정들이 시장에 쏟아지고 있지요. 하지만 외국어를 공부한다는 것이 결코 쉬운 과정이 아니기에 기초 또는 초급 과정에서부터 난관에 부딪히고 좌절하게 되는 경우가 종종 있습니다.

베트남어는 라틴어 알파벳을 사용하기 때문에 다른 언어보다 접근성이 좋으며 한자 문화권에 기반을 두고 있기에 한국인들이 습득하기에 용이한 언어 중 하나입니다. 처음에는 어렵고 낯설게 느껴질 수 있지만 한 번 궤도에 오르면 금방 수준을 올릴 수 있는 언어이지요. 그렇다고 시작 단계에서 진입 장벽을 넘어서는 일이 결코 쉽지만은 않습니다. 아무래도 평소에 접한 적 없는 외국어를 공부하다 보니 초급 단계에서도 어려움을 느끼고 초급 단계도 마무리하지 못한 채 베트남어 공부를 포기하는 경우도 있지요.

이미 많은 교재를 저술했지만 첫 진입 장벽을 넘어서지 못하는 분들을 위해 더 쉬운 교재가 필요하다고 느꼈습니다. 그래서 그런 분들을 위해 가장 쉽고 실용적으로 베트남어를 공부할 수 있는 『참 쉬운 베트남어』를 집필했습니다.

우선 이 책은 다른 초급 교재보다 더 쉽고 누구라도 따라 할 수 있는 학습 과정으로 구성되어 있습니다. 일상 속에서 흔히 벌어지는 상황을 차용한 실용적인 회화, 회화를 바탕으로 언어 체계를 간단하게 설명하는 문법, 이를 바탕으로 문장을 확장시키는 문장 연습, 그리고 모든 것을 복습하고 익힐 수 있는 연습 문제 등 다채롭지만 공부하기 적당한 분량으로 구성했습니다.

『참 쉬운 베트남어』는 다양한 교재를 저술하며 쌓은 노하우가 녹아 들어간 가장 많이 쓰는 문장, 가장 쉽게 이해할 수 있는 문법으로 구성되어 있습니다.
가장 쉬운 교재가 필요한 여러분들이 진입 장벽을 넘어 베트남어의 궤도에 오를 수 있도록 『참 쉬운 베트남어』가 돕겠습니다.

홍빛나

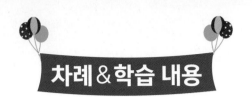

차례&학습 내용

 BÀI 01 Bạn ấy nói được tiếng Việt không?   12
그 친구는 베트남어를 말할 수 있니?

회화	문법	문화
가능 표현 말하기	소유격 của	노래를 사랑하는 베트남 사람들
	가능 표현 「동사+được」	축제의 나라 베트남
	có+명사+không?	
	가능 표현 có thể	단어 주요 형용사

 BÀI 02 Quả này bao nhiêu tiền vậy cô?   24
이 과일은 얼마인가요?

회화	문법	문화
가격 묻기	종별사	열대 과일의 천국, 베트남!
	가격 묻고 답하기	베트남의 유명 시장 벤탄 시장
	부정 강조	
	명령문	단어 동물
	nếu A thì B	

 BÀI 03 Mình nghe nói là sắp có bão.   36
듣자 하니 곧 태풍이 온대.

회화	문법	문화
날씨 말하기	날씨 표현	베트남에도 사계절이 있어요!
계절 말하기	듣자 하니 nghe nói	홍수가 많은 베트남의 전설
	비교급	Sơn Tinh, Thủy Tinh
		단어 계절

 BÀI 04 Khi rỗi, bạn thường làm gì?   48
한가할 때 너는 주로 무엇을 하니?

회화	문법	문화
취미 말하기	시간과 때를 나타내는 khi	요즘 핫(nóng)한 취미 생활 đi phượt
습관 말하기	chỉ ~ thôi	베트남에서 가장 사랑받는 스포츠
	빈도부사 hay	
	đừng ~ nhé	단어 취미

참 쉬운 베트남어 👍 ① 학습 내용

과	단원명	학습 포인트
1	**Xin chào!** 안녕하세요!	**회화** 기본 인사 / 감사 표현 / 사과 표현 **문법** 베트남어의 호칭 / 인사 표현 / 동사+lại **발음** 성조 / 단모음
2	**Em có khỏe không?** 너는 잘 지내니?	**회화** 안부 묻기 **문법** 형용사술어문 / 정도부사(1) **발음** 이중모음 / 삼중모음
3	**Anh học gì?** 당신은 무엇을 배워요?	**회화** 학습에 대해 말하기 **문법** 동사술어문 / 의문사 gì / 정도부사(2) / 3인칭 **발음** 단자음
4	**Anh đi đâu đấy?** 당신은 어디 가요?	**회화** 장소 말하기 / 거주지 말하기 **문법** 의문사 đâu / 동사&전치사 ở / 지시사 kia **발음** 복자음
5	**Tôi đã xem phim.** 나는 영화를 봤어.	**회화** 활동 말하기 / 취향 말하기 **문법** 시제사 đã-đang-sẽ / 시간명사 / 「동사+동사」 구조 **발음** 끝자음
6	**Ôn tập** 복습	**복습** 1~5과의 주요 학습 내용
7	**Tôi tên là Ho-jin.** 내 이름은 호진이에요.	**회화** 이름 말하기 / 국적 말하기 **문법** là 문장 / 의문사 nào / 기본 접속사 **단어** 국가
8	**Gia đình anh có mấy người?** 당신의 가족은 몇 명인가요?	**회화** 가족 소개하기 / 직업 말하기 **문법** 숫자 표현(1) / 의문사 mấy / 가족 명칭 / còn의 용법 **단어** 직업
9	**Bây giờ là mấy giờ?** 지금은 몇 시인가요?	**회화** 시간 묻기 / 하루 일과 말하기 **문법** 숫자 표현(2) / 시간 표현 / 접속사 hoặc **단어** 하루 일과
10	**Hôm nay là thứ năm.** 오늘은 목요일입니다.	**회화** 계획 말하기 / 날짜와 요일 말하기 **문법** 의문사 bao giờ / 날짜 및 요일 표현 / 의문사 vì sao **단어** 시간명사
11	**Bạn đã ăn cơm chưa?** 너는 밥 먹었어?	**회화** 과거와 완료 행위 말하기 **문법** chưa 탐구하기 / 시도 표현 / 인칭 복수형 / 시제사 sắp / vừa A vừa B **단어** 주요 동사
12	**Ôn tập** 복습	**복습** 7~11과의 주요 학습 내용

이 책의 구성 & 활용법

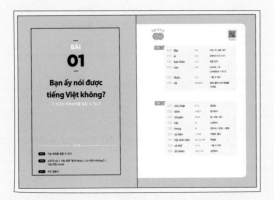

학습 목표

본 과에서 학습할 내용을 미리 확인합니다.

기본 다지기 단어

회화를 배우기 전에 새 단어를 먼저 귀로 들으며 따라 읽어 보세요. 어렵거나 쓰임에 주의해야 할 단어는 □에 따로 표시해 놓고 복습할 때 활용해 보세요.

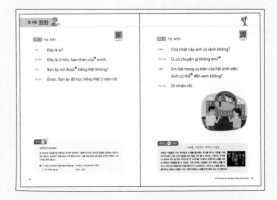

참 쉬운 회화

일상생활에 많이 쓰이는 의사소통 표현으로 이루어진 간결한 회화를 통해 살아 있는 베트남어를 쉽게 학습할 수 있습니다.

· 쏙쏙 Tip
  회화에 제시된 표현을 간략하게 설명해 놓았습니다.

· 베트남 속으로!
  베트남 생활 속 다양한 이야기를 통해 베트남을 한층 더 이해할 수 있습니다.

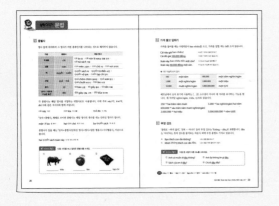

실력 다지기 문법

베트남어의 핵심 문법이 간결하게 정리되어 있어 쉽게 이해할 수 있습니다. 학습 내용을 얼마나 이해했는지 「바로바로 체크」로 확인해 보세요.

표현 키우기 **문장 연습**

베트남어의 핵심 문장을 트레이닝 할 수 있습니다. 다양한 문장이 입에서 막힘 없이 나올 수 있도록 큰 소리로 읽어 보세요.

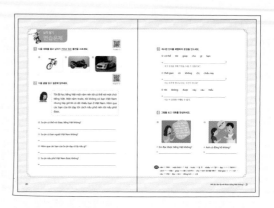

실력 쌓기 **연습문제**

듣기, 읽기, 말하기, 쓰기 영역이 통합된 문제를 통해 학습한 내용을 체크해 보세요.

주제별 **단어**

회화와 관련된 단어를 그림 또는 사진과 함께 제시했습니다. 베트남어 단어 실력을 한층 업그레이드해 보세요.

베트남 **문화**

베트남의 교통수단, 여행지 등 흥미로운 문화 정보를 엿볼 수 있습니다.

간결하고 정확한 표현으로
베트남어 OPIc 첫걸음에 도전해 보세요!

참 쉬운 단어

OPIc 주제별로 핵심 단어를 정리해 놓았습니다.
중요 단어는 □에 표시해 놓았다가 복습할 때 다시 한번 체크해 보세요.

참 쉬운 문장

OPIc 주제에 맞는 활용도 높은 문장을 제시했습니다. 「표현 이해하기」에는 중요 표현을 설명해 놓았습니다.

참 쉬운 도전!

제시된 표에 자신의 정보를 기입한 후, 모범 답안을 보며
말해 보세요. 베트남어 문장이 자연스럽게 나올 때까지
녹음을 듣고 큰 소리로 따라 읽어 보세요.

일러두기

✦ 발음 표기법

❶ 베트남의 표준 발음인 북부 하노이 발음을 기준으로 삼아 녹음하였습니다.

❷ 우리말로 발음을 표기할 때는 북부 발음과 함께 괄호 안에 남부 발음을 병기해 놓았습니다.

❸ 베트남어 발음은 최대한 현지 발음에 가깝게 표기하였습니다. 하지만 정확한 발음 학습을 위해 원어민의 실제 발음을 듣고 학습하시기를 바랍니다.

❹ 인명이나 지명 등은 국립국어원의 「외래어 표기법」을 기준으로 하였으며, 익숙한 인명이나 지명은 예외를 두었습니다.

✦ MP3 파일 듣는 방법

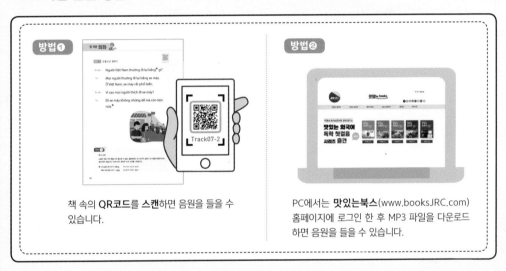

책 속의 **QR코드를 스캔**하면 음원을 들을 수 있습니다.

PC에서는 **맛있는북스**(www.booksJRC.com) 홈페이지에 로그인 한 후 MP3 파일을 다운로드 하면 음원을 들을 수 있습니다.

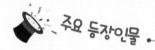 주요 등장인물

수진 Su-jin

• 한국인,
호진이의 누나, 직장인

호진 Ho-jin

• 한국인,
수진이의 동생, 대학생

란 Lan

• 베트남인,
호진이의 학교 후배

따이 Tài

• 베트남인,
수진이의 직장 동료

01

Bạn ấy nói được tiếng Việt không?

그 친구는 베트남어를 말할 수 있니?

회화 가능 표현을 말할 수 있다

문법 소유격 của / 가능 표현 「동사+được」 / có+명사+không? /
가능 표현 có thể

단어 주요 형용사

Track01-1

회화 ★1

☐☐	đây	더이	이것, 이 사람, 여기
☐☐	ai	아이	[의문사] 누구, 누가
☐☐	bạn thân	반 턴	친한 친구
☐☐	của	꾸어	[소유격] ~의 [소유대명사] ~의 것
☐☐	được	드억	~할 수 있다
☐☐	rồi	조이(로이)	문장 끝에 쓰여 완료를 나타냄

회화 ★2

☐☐	chủ nhật	쭈 녓	일요일
☐☐	rảnh	자잉(란)	한가하다
☐☐	chuyện	쭈이엔	일, 사정, 사건
☐☐	hát	핫	노래하다
☐☐	trong	쫑	[전치사] ~안에, ~중에
☐☐	sự kiện	쓰 끼엔	이벤트, 행사
☐☐	hội sinh viên	호이 씽 비엔	학생회
☐☐	có thể	꼬 테	~할 수 있다
☐☐	dĩ nhiên	지(이) 니엔	당연하다

회화 ★ 1 가능 표현1

Track01-2

Tài	Đây là ai?
Su-jin	Đây là Ji-min, bạn thân của❶ mình.
Tài	Bạn ấy nói được❷ tiếng Việt không?
Su-jin	Được. Bạn ấy đã học tiếng Việt 3 năm rồi.

쏙쏙 Tip

당연하지! **Dĩ nhiên.**

dĩ nhiên은 대답할 때 단독으로 쓰이면 '당연하지', '물론이지'라는 뜻으로 긍정을 강조하는 대답 표현이 됩니다. 강조하기 위해 rồi와 자주 함께 쓰이고, 다른 대답 앞에 là와 함께 쓰이면 '당연히 ~하다'라는 뜻이 됩니다.

예 A Anh có thích Việt Nam không?   오빠(형)는 베트남을 좋아하세요?

  B Dĩ nhiên là có.   당연히 그렇지.

Track01-3

회화 ★2 가능 표현2

Lan	Chủ nhật này anh có rảnh không?
Ho-jin	Ừ, có chuyện gì không em?❸
Lan	Em hát trong sự kiện của hội sinh viên. Anh có thể❹ đến xem không?
Ho-jin	Dĩ nhiên rồi.

베트남 속 으로!

노래를 사랑하는 베트남 사람들

베트남 사람들은 우리 못지않게 노래를 좋아해요. 회식을 하거나 모임을 가질 때 즉석에서 서로 노래 자랑을 하는 일을 자주 볼 수 있지요. 가족이나 친구들과 공원에 모여 놀 때도 마이크와 큰 스피커를 가져와서 우렁차게 노래를 부르는 베트남 사람들을 볼 수 있어요. 서로 모르는 사람들도 와서 함께 노래를 부르고 자연스레 호응하면서 점점 분위기가 고조되지요. 너무나도 노래를 잘하고 좋아하는 베트남 사람들, 이번 기회에 베트남 노래를 한번 배워 보는 게 어떨까요?

1 소유격 của

của는 명사와 명사 사이에 위치하여 '~의'라는 뜻을 나타냅니다. 「A của B」는 'B의 A'라는 뜻으로 của는 영어의 of와 같습니다.

cái áo của tôi   나의 옷
Thầy Minh là thầy giáo của em.   밍(Minh) 선생님이 저의 선생님입니다.

của는 소유대명사로 쓰여 '~의 것'이라는 뜻을 나타냅니다.

Sách này là của tôi.   이 책은 나의 것이다.

> ☑ 바로바로 체크   다음 중 〈보기〉의 밑줄 친 của의 쓰임과 같은 문장을 고르세요.
>
> |보기| Áo dài này là <u>của</u> chị Linh.
>
> ① Công ty <u>của</u> anh ở đâu?   ② Máy tính <u>của</u> tôi rất đắt.
>
> ③ Điện thoại này là <u>của</u> em.   ④ Anh ấy là anh trai <u>của</u> em Lan.

2 가능 표현 「동사+được」

được은 동사 앞에 위치할 때와 뒤에 위치할 때의 뜻이 다릅니다. 「동사+được」은 가능 표현으로 '~할 수 있다'라는 뜻입니다. *수동형 「được+동사」 ▶ 110쪽

긍정문   주어 + 동사 + được + 목적어   =   주어 + 동사 + 목적어 + được

Tôi nói được tiếng Việt. = Tôi nói tiếng Việt được.   나는 베트남어를 말할 수 있다.

문장에서 được의 위치는 동사 바로 뒤에도 가능하고 목적어 뒤에도 가능합니다.

부정문   수어 + không + 동사 + được + 목적어

주어 + không + 동사 + 목적어 + được

Tôi không nói được tiếng Việt.   나는 베트남어를 말할 수 없다.
= Tôi không nói tiếng Việt được.

의문문

주어 + (có) + 동사 + được + 목적어 + không?

주어 + (có) + 동사 + 목적어 + được không?

Bạn (có) nói được tiếng Việt không?　　　너는 베트남어를 말할 수 있니?
= Bạn (có) nói tiếng Việt được không?

가능 표현 의문문의 대답은 긍정일 때는 được, 부정일 때는 không으로 합니다.

A　Bạn nói được tiếng Việt không?　　　너는 베트남어를 말할 수 있니?
B1　Được. Tôi nói được tiếng Việt.　　　응, 나는 베트남어를 말할 수 있어.
B2　Không. Tôi không nói được tiếng Việt.　　아니, 나는 베트남어를 말할 수 없어.

☑ 바로바로 체크　다음 의문문을 읽고 긍정 또는 부정 대답을 쓰세요.

① Chị ăn được rau thơm không?　⇨ Được, _____ .

② Anh đọc tiếng Việt được không?　⇨ Không, _____ .

3 ~이/가 있습니까? 「có+명사+không?」

무엇을 가지고 있는지 물어보는 질문은 「có+명사+không?」을 사용합니다. 여기서 có는 강조 용법이 아닌 동사로 사용되어 '있다', '~을/를 가지고 있다'라는 뜻입니다.

Em có xe máy không?　　　너(동생)는 오토바이가 있니?

대답은 긍정일 때는 có, 부정일 때는 không 혹은 không có로 합니다.

Có, em có xe máy.　　　있어요. 저는 오토바이가 있어요.
Không (có), em không có xe máy.　　　없어요. 저는 오토바이가 없어요.

단어　thầy giáo 터이 쟈오(야오) 남자 선생님 | công ty 꽁 띠 회사 | máy tính 마이 띵 컴퓨터 | điện thoại 디엔 토아이 전화, 전화기 | rau thơm 자우(라우) 텀 향채, 고수 | đọc 독 읽다 | xe máy 쌔 마이 오토바이

4 가능 표현 có thể

có thể는 조동사로 동사 앞에 위치하여 '~할 수 있다'라는 뜻을 나타냅니다. 앞에서 배운 「동사+được」과 같은 뜻입니다.

긍정문   주어 + có thể + 동사 + 목적어

Mình có thể đi xem phim.   나는 영화를 보러 갈 수 있어.

부정문   주어 + không thể + 동사 + 목적어

Mình không thể đi xem phim.   나는 영화를 보러 갈 수 없어.

의문문   주어 + có thể + 동사 + 목적어 + không?

Bạn có thể đi xem phim không?   (친구에게) 너는 영화를 보러 갈 수 있니?

「동사+được」과 함께 쓸 수 있습니다.

A   Bạn có thể đi xem phim được không?   (친구에게) 너는 영화를 보러 갈 수 있니?
B1 Mình có thể đi xem phim được.   나는 영화를 보러 갈 수 있어.
B2 Mình không thể đi xem phim được.   나는 영화를 보러 갈 수 없어.

☑ 바로바로 체크   다음 문장을 베트남어로 쓰세요.

① 언니는 베트남에 여행 갈(đi du lịch) 수 있어요?   ⇢ _____

② 나는 운전할(lái xe) 수 없어.   ⇢ _____

18

➕ 제시된 표현을 자연스럽게 따라 읽으며 베트남어 문장을 익혀 보세요.

1

Bạn làm bánh được không?
Được. Tôi làm bánh được.
Không. Tôi không làm bánh được.

· làm bánh 람 바잉(반) 베이킹하다

2

Bạn có máy tính bảng không?
Có. Tôi có máy tính bảng.
Không. Tôi không có máy tính bảng.

· máy tính bảng 마이 띵 방 태블릿 PC

3

Bạn có thể hiểu không?
Có. Tôi có thể hiểu.
Không. Tôi không thể hiểu.

· hiểu 히에우 이해하다

💬 다음 문장을 베트남어로 말해 보세요.

· 너는 요리할 수 있니?   ⇨ _____

· 나는 오토바이가 없다.   ⇨ _____

· 나는 참석할(tham gia) 수 없다.   ⇨ _____

Track01-5

1 다음 대화를 듣고 남자가 가지고 있는 물건을 고르세요.

 ❶   ❷  ❸

Track01-6

2 다음 글을 읽고 질문에 답하세요.

> Tôi đã học tiếng Việt một năm nên tôi có thể nói một chút tiếng Việt. Một năm trước, tôi không có bạn Việt Nam nhưng bây giờ tôi có rất nhiều bạn ở Việt Nam. Hôm qua các bạn của tôi dạy tôi cách nấu phở nên tôi nấu phở được.

❶ Su-jin có thể nói được tiếng Việt không?

⇢ _____

❷ Su-jin có bạn người Việt Nam không?

⇢ _____

❸ Hôm qua các bạn của Su-jin dạy cô ấy nấu gì?

⇢ _____

❹ Su-jin nấu phở Việt Nam được không?

⇢ _____

3 제시된 단어를 배열하여 문장을 만드세요.

❶ có thể   tôi   giúp   cho   gì   bạn

⇢ _____?

제가 당신을 위해 무엇을 도울 수 있을까요?

❷ thời gian   có   không   chị   chiều nay

⇢ _____?

오늘 오후에 언니(누나)는 시간이 있나요?

❸ tôi   không   được   này   câu   hiểu

⇢ _____.

나는 이 문장을 이해할 수 없다.

4 그림을 보고 대화를 완성하세요.

❶

A Em đọc được tiếng Việt không?

B _____ .

❷

A Anh có đồng hồ không?

B _____ .

단어 ▶ **nên** 넨 그래서 ㅣ **một chút** 못 쭛 조금 ㅣ **trước** 쯔억 앞, 전 ㅣ **nhiều** 니에우 많다 ㅣ **dạy** 자이(야이) 가르치다 ㅣ
cách 까익(깍) 방법 ㅣ **giúp** 쥼(윰) 돕다, 도와주다 ㅣ **cho** 쪼+명사 (명사)를 위해서 ㅣ **thời gian** 터이 쟌(얀) 시간 ㅣ
câu 꺼우 문장 ㅣ **đọc** 독 읽다 ㅣ **đồng hồ** 동 호 시계

Track01-7

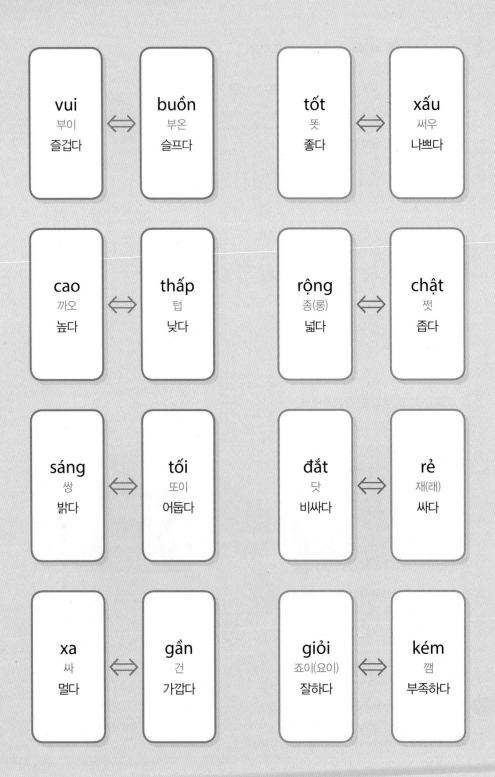

vui
부이
즐겁다

⟺

buồn
부온
슬프다

tốt
똣
좋다

⟺

xấu
써우
나쁘다

cao
까오
높다

⟺

thấp
텁
낮다

rộng
종(롱)
넓다

⟺

chật
쩟
좁다

sáng
쌍
밝다

⟺

tối
또이
어둡다

đắt
닷
비싸다

⟺

rẻ
재(래)
싸다

xa
싸
멀다

⟺

gần
건
가깝다

giỏi
죠이(요이)
잘하다

⟺

kém
깸
부족하다

베트남
문화

축제의 나라 베트남

베트남은 축제의 나라라고 불릴 만큼 전국 곳곳에서 때마다 다양한 축제가 펼쳐집니다. 베트남의 축제는 주로 전통적인 특징을 띤 공동체의 집단 행사이지만 현대적인 가치와도 밀접하게 연관되어 있어 지역 내의 남녀노소뿐만 아니라 타 지역 사람들과 외국인들도 불러 모으는 매력을 가지고 있지요. 베트남어로 축제는 lễ hội라고 하는데, '예식', '의식'이라는 뜻의 lễ와 '모임', '공동체'라는 의미를 가진 hội가 결합된 단어로, 공동체가 모여서 개최하는 문화 활동, 종교적인 의례, 예술 행사 등의 뜻을 나타냅니다.

수많은 베트남의 축제는 베트남에서 가장 큰 명절인 음력설(Tết) 즈음에 열립니다. 북부 지역에서 가장 유명하고 규모가 큰 축제인 림 축제(Hội Lim)는 박닌(Bắc Ninh) 성에서 매년 음력 1월 13일에 열리며 림(Lim)이라는 이름을 가진 언덕에서 열리기 때문에 림(Lim) 축제라고 불립니다. 이 축제에는 그네 타기, 씨름, 배 타기 경주, 밥 짓기 대회 등 여러 문화 행사와 유네스코 세계 무형문화유산으로 지정된 꾸안 호(quan họ) 노래 경연 대회가 있습니다.

BÀI

02

Quả này bao nhiêu tiền vậy cô?

이 과일은 얼마인가요?

회화★1

☐☐	cái	까이	[대명사] 것 [종별사] 무생물
			[단위성 명사] 개
☐☐	ví	비	지갑
☐☐	hàng thủ công	항 투 꽁	수공예품
☐☐	giá	쟈(야)	가격
☐☐	đồng	동	[베트남의 화폐 단위] 동
☐☐	đắt	닷	비싸다
☐☐	bớt	벗	깎다, 줄이다
☐☐	không ~ đâu	콩 ~ 더우	절대로 ~하지 않다
☐☐	bán	반	팔다, 판매하다
☐☐	đúng giá	둥 쟈(야)	정찰제, 정가

회화★2

☐☐	quả	꾸아	[종별사] 과일
☐☐	gọi	고이	부르다
☐☐	xoài	쏘아이	망고
☐☐	mua	무어	사다, 구매하다
☐☐	đi	디	[명령문, 청유문] ~해라, ~하세요,
			~합시다
☐☐	tiền	띠엔	돈
☐☐	cân	껀	킬로그램(kg)
☐☐	nếu ~ thì ~	네우 ~ 티 ~	만약 ~하면 ~하다

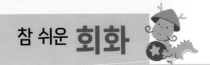

Track02-2

회화★1 수공예품 가게에서

Su-jin	Cái❶ ví này đẹp quá.

| NBH | Cái này là hàng thủ công ạ. |

| Su-jin | Vậy à? Thế cái này giá bao nhiêu?❷ |

| NBH | 100.000 đồng một cái. |

| Su-jin | Đắt quá. Anh bớt một chút được không? |

| NBH | Không được đâu.❸ Chúng tôi bán đúng giá mà. |

· người bán hàng(NBH) 응으어이 반 항 판매원

 쏙쏙 **Tip**

정가 **đúng giá**

đúng giá는 '정해진 가격(정찰제)'이라는 뜻으로 '흥정할 수 없다'는 의미입니다. đúng은 '맞다', '옳다'라는 뜻으로 명사와 함께 쓰여 '정해진'이라는 뜻을 나타냅니다.

예 **đúng giờ** 정시, 정각   **đúng hạn** 정해진 시한

Track02-3

회화★2 과일 가게에서

Ho-jin   Quả này tiếng Việt gọi là gì?

NBH   Tiếng Việt gọi là xoài.

         Cháu mua đi.❹ Xoài ngon lắm.

Ho-jin   Quả này bao nhiêu tiền vậy cô?

NBH   40.000 đồng một cân, cháu ạ.

         Nếu mua hai cân thì❺ cô sẽ bớt cho.

베트남 속 으로!

열대 과일의 천국, 베트남!

열대 지역에 위치한 베트남에는 망고, 두리안, 람부탄, 용안, 용과 등 맛있고 몸에 좋은 수많은 열대 과일이 있어요. 베트남을 여행하거나 방문하시면 꼭 드셔 보세요. 우리나라 과일에 비해 수분 함량이 많아 덜 달다고 느껴질 수도 있는데, 베트남 사람들은 과일의 달콤함과 상큼함을 살리기 위해 소금에 찍어 먹기도 한답니다.

1 종별사

명사 앞에 위치하여 그 명사가 어떤 종류인지를 나타내는 것으로 해석하지 않습니다.

구분	종별사	해당 명사
무생물	cái	cái áo 옷 ㅣ cái nón lá 베트남 전통 모자 ㅣ cái túi xách 가방
생물	con	con mèo 고양이 ㅣ con chó 개 ㅣ con voi 코끼리
책	quyển ㅣ cuốn	quyển sách 책 ㅣ quyển từ điển 사전 ㅣ quyển vở 공책 ㅣ cuốn tạp chí 잡지
과일	quả ㅣ trái	quả chôm chôm 람부탄 ㅣ quả xoài 망고 ㅣ quả chuối 바나나 ㅣ trái táo 사과
종이	tờ	tờ báo 신문 ㅣ tờ giấy 종이 ㅣ tờ tiền 지폐
쌍이나 세트로 구성된 물건	đôi	đôi giày 신발, 구두 ㅣ đôi đũa 젓가락

각 종별사는 해당 명사를 지칭하는 대명사로도 사용됩니다. 이때 주로 này(이), kia(저), đó(그)와 같은 지시사와 함께 쓰입니다.

cái này 이것   con kia 저 생물   quả đó 그 과일

「숫자+종별사」 형태로 쓰이면 종별사는 해당 명사의 개수를 세는 단위성 명사가 됩니다.

một cái áo 옷 하나   hai con chó 개 두 마리   ba quyển sách 책 세 권

종별사가 있을 때는 「숫자+종별사(단위성 명사)+명사+일반 형용사+지시형용사」 어순으로 씁니다.

hai quyển sách toán này 이 두 권의 수학 책

☑ 바로바로 체크   다음 사진을 보고 알맞은 종별사를 쓰세요.

① _____ trâu   ② _____ táo   ③ _____ tạp chí

2 가격 묻고 답하기

가격을 물어볼 때는 수량의문사 bao nhiêu를 쓰고, 가격을 말할 때는 là를 쓰지 않습니다.

Cái này giá bao nhiêu?   이것은 가격이 얼마인가요?
Cái đó giá 100.000 đồng.   그것은 가격이 10만 동입니다.

Xoài này bao nhiêu tiền một cân?   이 망고는 1kg에 얼마예요?
Xoài này 40.000 đồng một cân.   이 망고는 1kg에 4만 동입니다.

✚ 100 이상의 숫자 읽기

100	một trăm	100.000	một trăm nghìn/ngàn
1.000	một nghìn/ngàn	1.000.000	một triệu
10.000	mười nghìn/ngàn	1.000.000.000	một tỷ/tỉ

베트남에서 숫자 표기에 사용하는 [.]은 소수점이 아니라 세 자리를 표시하는 기능을 합니다. 세 자리당 nghìn/ngàn, triệu, tỷ/tỉ로 읽습니다.

250 ⇢ hai trăm năm mươi   3.200 ⇢ ba nghìn(ngàn) hai trăm
650.000 ⇢ sáu trăm năm mươi nghìn(ngàn)
2.000.000 ⇢ hai triệu   5.000.000.000 ⇢ năm tỷ(tỉ)

3 부정 강조

'절대로 ~하지 않다', '전혀 ~ 아니다' 등의 부정 강조는 「không ~ đâu」로 표현합니다. đâu 는 '어디'라는 뜻의 장소를 물어보는 의문사 외에 부정 용법도 가지고 있습니다.

A   Bạn thích con rắn không?   너는 뱀을 좋아하니?
B   Mình không thích con rắn đâu.   나는 뱀을 전혀 좋아하지 않아.

✓ 바로바로 체크   다음 중 쓰임이 다른 đâu를 고르세요.

① Anh có muốn đi đâu không?   ② Anh ấy không ăn gì đâu.

③ Sách của em ở đâu?   ④ Chị đi đâu đấy?

단어 ┊ trâu 쩌우 물소 ┊ táo 따오 사과 ┊ tạp chí 땁 찌 잡지 ┊ con rắn 꼰 잔(란) 뱀

4 명령문

가벼운 명령이나 청유는 문장 끝에 đi를 써서 나타냅니다. 이때 주어가 생략되면 반말이 됩니다. '~해요', '~하세요'를 표현하기 위해서는 주어를 꼭 써주세요.

Anh uống cà phê đi.	형(오빠), 커피 마셔요.
Chúng ta đi chơi đi.	우리 놀러 가자.

명령이나 청유를 부드러운 어조로 전달하기 위해 đi 대신 nhé를 붙이거나 đi nhé를 함께 쓸 수 있습니다.

Chị uống trà nhé.	누나(언니), 차 마셔요.
Chúng ta đi xem phim đi nhé.	우리 영화 보러 가요.

5 nếu A thì B

'만약 A하면 B하다'라는 뜻으로 가정이나 조건을 표현할 때 사용합니다.

> Nếu + 주어1 + 서술어1 + thì + 주어2 + 서술어2

Nếu em rảnh thì đến nhà chị chơi nhé. 만약 네가 한가하면 언니(누나) 집에 놀러 와.
Nếu Hải đến muộn thì chúng ta chờ anh ấy nhé.
만약 하이(Hải)가 늦게 오면 우리는 그를 기다리자.

A절과 B절의 주어가 같을 경우에는 주로 A절의 주어를 생략합니다.

Nếu (tôi) có nhiều tiền thì tôi sẽ mua nhà.	만약 돈이 많다면 나는 집을 살 것이다.
Nếu (mình) có dịp thì mình sẽ đến Hà Nội.	만약 기회가 있으면 나는 하노이에 갈 거야.

☑ **바로바로 체크**   다음 〈보기〉를 참고하여 「nếu A thì B」 구문으로 바꾸세요.

> |보기| Tôi có nhiều tiền. Tôi sẽ mua nhà.
> ⇨ Nếu tôi có nhiều tiền thì tôi sẽ mua nhà.

① Bạn gặp khó khăn. Mình sẽ giúp bạn.   ⇨ _____

② Em khó hiểu. Em hỏi cô nhé.   ⇨ _____

단어 **trà** 짜 [음료] 차 | **muộn** 무온 늦다 | **chờ** 쩌 기다리다 | **dịp** 집(입) 기회 | **khó khăn** 코 칸 어려움 | **hỏi** 호이 묻다

Track02-4

⊕ 제시된 표현을 자연스럽게 따라 읽으며 베트남어 문장을 익혀 보세요.

1

Cái này là cái gì?
Cái này là cái bàn.

• bàn 반 책상

2

Túi xách này bao nhiêu một cái?
250.000 đồng một cái.

• túi xách 뚜이 싸익(싹) 가방

3

Nếu em mua nhiều thì anh sẽ bớt cho.
Nếu bạn rảnh thì chúng ta đi mua sắm nhé.

• mua sắm 무어 쌈 쇼핑하다

💬 다음 문장을 베트남어로 말해 보세요.

• 이 과일은 무슨 과일입니까?   ⇢ _____

• 이 셔츠(áo sơ mi)는 한 장에 얼마입니까? ⇢ _____

• 만약 돈이 많으면 나는 여행 갈(đi du lịch) 것이다. ⇢ _____

실력 쌓기
연습문제

Track02-5

1 다음 대화를 듣고 남자가 산 셔츠의 가격을 고르세요.

❶ đ 400.000   ❷ đ 470.000   ❸ đ 500.000

Track02-6

2 다음 글을 읽고 질문에 답하세요.

Tôi đã đi mua túi xách mới. Ở một cửa hàng có túi xách thủ công đẹp nên tôi hỏi người bán hàng giá bao nhiêu. Anh ấy nói là "600.000 đồng một cái". Tôi thấy giá đó quá đắt nên tôi nói là "Xin anh bớt cho". Nhưng cửa hàng đó bán đúng giá nên tôi không mua được.

❶ Lan đi mua cái gì? Ở đâu?

⇢ _____

❷ Túi xách Lan muốn mua giá bao nhiêu?

⇢ _____

❸ Theo Lan giá túi xách đó có đắt không?

⇢ _____

❹ Vì sao Lan không mua được túi xách đó?

⇢ _____

3 제시된 단어를 배열하여 문장을 만드세요.

① gọi   này   là   cái   gì   tiếng Việt

⇢ _____ ?

이것은 베트남어로 무엇이라고 하나요?

② hai   một cân   mươi   ngàn đồng   này   cam

⇢ _____ .

이 오렌지는 1kg에 2만 동이다.

③ thì   đắt   giá   nếu   không   đâu   mua   tôi

⇢ _____ .

만약에 가격이 비싸면 나는 절대 안 사요.

4 그림을 보고 대화를 완성하세요.

①

A Cô bớt một chút cho cháu được

không?

B _____ .

②

A _____ ?

B Áo dài này giá 600.000 đồng.

단어 **mới** 머이 새로운 | **cửa hàng** 끄어 항 가게 | **thủ công** 투 꽁 수공예 | **nên** 넨 그래서 |
người bán hàng 응으어이 반 항 판매원 | **thấy** 터이 보다, 느끼다 | **cam** 깜 오렌지

동물

*베트남에서는 나이를 말할 때 '저는 돼지 띠예요'처럼 십이지로도 표현합니다. 우리와 다른 점이 있는데, 베트남에서는 황소 대신 물소를, 토끼 대신 고양이를, 양 대신 염소를 십이지에 사용합니다.

Track02-7

con chuột
꼰 쭈옷
쥐

con bò / con trâu
꼰 보 / 꼰 쩌우
황소 / 물소

con hổ
꼰 호
호랑이

con thỏ / con mèo
꼰 토 / 꼰 매오
토끼 / 고양이

con rồng
꼰 종(롱)
용

con rắn
꼰 잔(란)
뱀

con ngựa
꼰 응어
말

con cừu / con dê
꼰 끄우 / 꼰 제(예)
양 / 염소

con khỉ
꼰 키
원숭이

con gà
꼰 가
닭

con chó
꼰 쪼
개

con lợn / con heo
꼰 런 / 꼰 해오
돼지

베트남
문화

베트남의 유명 시장
벤탄 시장

베트남에서 제일 유명한 시장을 고르라면 많은 사람들이 수도 하노이의 동쑤언(Đồng Xuân) 시장과 경제 중심지 호찌민의 벤탄(Bến Thành) 시장을 선택합니다. 벤탄 시장은 호찌민의 중심 1군에 위치하는데, 벤탄 시장의 시계탑은 호찌민의 상징적인 건물 중 하나이지요. 벤탄 시장의 역사는 17세기로 거슬러 올라갑니다. 사이공(Sài gòn) 강 근처에서 길거리 상인들이 모여 물건을 팔기 시작한 것이 벤탄 시장의 기원으로, 1912년 현재 위치에 문을 연 후 크게 발전하여 상업 중심지가 되었습니다. '무엇을 찾아도 없는 게 없다'라는 명성에 걸맞게 벤탄 시장에 가면 농수산물, 임산물, 생활용품, 커피, 수공예품, 이미테이션 제품, 전자기기 등 고객을 만족시킬 모든 것이 있습니다. 내부로 들어서면 약 2,000개의 상점과 호객하는 상인들로 인해 놀랄 수도 있지만 동서남북으로 네 개의 큰 문이 있어 길 찾기는 쉬운 편입니다. 벤탄 시장의 제품은 품질이 뛰어난 것으로 유명한데, 특히 농산물의 경우 최상의 제품만 거래되어 다른 시장에 비해 가격이 높습니다. 또한 시장 내부에는 간단히 식사할 수 있는 푸드코트와 베트남 전통 디저트 가게들이 있는데, 벤탄 시장의 째(chè)는 맛있기로 유명하여 현지인들이 일부러 찾아오기도 합니다. 매일 저녁 7시부터 11시까지 벤탄 시장 옆에서 야시장이 열리는데, 이곳은 해산물 요리로 유명하니 호찌민을 방문하시면 꼭 찾아주세요.

03

Mình nghe nói là sắp có bão.

듣자 하니 곧 태풍이 온대.

회화★1

☐☐	thời tiết	터이 띠엣	날씨
☐☐	trời	쩌이	날씨, 하늘
☐☐	nắng đẹp	낭 뎁	햇살이 아름답다
☐☐	mưa	므어	비, 비가 내리다
☐☐	nghe nói	응애 노이	듣자 하니
☐☐	bão	바오	태풍
☐☐	lạ thường	라 트엉	이상하다, 특이하다
☐☐	thật	텃	[부사] 정말로, 진짜로 [형용사] 진실된, 사실인

회화★2

☐☐	mùa	무어	계절
☐☐	nhất	녓	[비교급] 제일, 가장
☐☐	mùa thu	무어 투	가을
☐☐	vào	바오	[전치사] (시간, 날짜, 요일, 계절 등의 앞에 쓰여) ~에
☐☐	mát	맛	시원하다
☐☐	dễ chịu	제(예) 찌우	견디기 쉽다, 상쾌하다
☐☐	mùa đông	무어 동	겨울
☐☐	hơn	헌	[비교급] ~보다, 더
☐☐	trượt tuyết	쯔엇 뚜이엣	스키를 타다

Track03-2

회화 ★1 날씨 묻고 답하기

Tài Thời tiết hôm nay thế nào?

Su-jin Hôm nay trời nắng đẹp.❶
Nhưng cuối tuần này trời sẽ mưa.

Tài Ừ, mình nghe nói❷ là sắp có bão.

Su-jin Tháng 9 có bão, thời tiết lạ thường thật!

Track03-3

Ho-jin   Em thích mùa nào nhất?

Lan   Em thích mùa thu nhất.❸
Vào mùa thu trời mát và dễ chịu.

Ho-jin   Anh thích mùa đông hơn.❹
Vì anh có thể trượt tuyết vào mùa đông.

베트남 속 으로!

베트남에도 사계절이 있어요!

많은 사람들이 '베트남은 더운 나라!'라고 생각하지만 베트남에도 사계절이 존재한다는 사실을 알고 있나요? 베트남은 북에서 남으로 길쭉하게 뻗은 나라로 지역에 따라 기후가 매우 다양해요. 북부 지역은 우리나라처럼 봄, 여름, 가을, 겨울의 사계절이 뚜렷한 아열대 기후이고, 남부 지역은 건기와 우기만 있는 열대 기후이지요. 베트남은 한 계절에도 지역별로 기온이 최대 20도가량 차이가 날 수 있기 때문에 베트남을 방문하기 전에 지역별 기후와 날씨를 미리 알아봐야 해요.

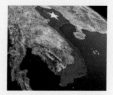

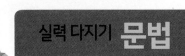

실력 다지기 **문법**

1 날씨 표현

❶ thời tiết과 trời 모두 '날씨'라는 뜻입니다. 하지만 thời tiết은 형용사와만 결합하고, trời는 동사, 형용사와 모두 결합할 수 있습니다. 그리고 '날씨가 좋다'라고 말할 때 thời tiết은 tốt과 결합하고, trời는 đẹp과 결합합니다.

thời tiết + 형용사		trời + 동사 / 형용사

Thời tiết tốt. = Trời đẹp.   날씨가 좋다.
Thời tiết nóng.   날씨가 덥다.
Trời có tuyết.   날씨가 눈이 온다.

➕ 주요 날씨 단어

덥다	춥다	따뜻하다	시원하다
nóng	lạnh	ấm	mát
햇볕이 쨍쨍, 맑다	햇살이 아름답다	좋다	아름답다
nắng	nắng đẹp	tốt	đẹp
비가 오다	눈이 오다	바람이 불다	구름이 끼다, 흐리다
có mưa	có tuyết	có gió	có mây
안개가 끼다	천둥/번개가 치다	미세먼지	초미세먼지
có sương mù	có sấm / có sét	bụi mịn	bụi siêu mịn

TIP

일기 현상을 나타낼 때는 동사 có를 사용합니다. 다만 '비가 오다'라고 할 때는 có를 생략할 수 있습니다.

Trời (có) mưa.   비가 온다.

❷ 날씨를 물어볼 때는 '어때요'라는 뜻의 의문사 thế nào를 사용합니다. 이때 날씨라는 단어로 thời tiết과 trời를 둘 다 쓸 수 있습니다.

Trời hôm nay thế nào?   오늘 날씨는 어때요?
Thời tiết ở đó thế nào?   그곳의 날씨는 어때요?

☑ 바로바로 체크 다음 그림을 보고 알맞은 날씨를 베트남어로 쓰세요.

① Trời _____.   ② Trời _____.   ③ Trời _____.

2 듣자 하니 nghe nói

자신의 의견을 말하는 것이 아니라 타인이나 다른 출처를 통해 알게 된 사실을 말할 때 사용합니다.

> 주어 + nghe nói + (là / rằng) + 문장

Tôi nghe nói là ngày mai không thi.   내가 듣자 하니 내일 시험을 보지 않는다고 해.
Nghe nói hôm nay có gió mạnh.   오늘 강풍이 분다고 해요.

출처가 있을 경우 「nghe+출처+nói」로 말합니다.

Em nghe TV nói rằng sáng mai có tuyết.   TV에서 들었는데 내일 아침에 눈이 온대요.

3 비교급

❶ 동등 비교 : 수준이나 정도가 서로 비슷함을 나타내며 bằng(~같은, ~만큼), như(~처럼)를 사용하여 만듭니다. ＊전치사 bằng(~로, ~으로) ▶ 86쪽

> A + 형용사 + bằng/như + B

Tôi cao bằng bạn tôi.   나는 내 친구만큼 키가 크다.
Em ấy chậm như rùa.   그 동생은 거북이처럼 느리다.

단어 mạnh 마잉(만) 강하다 ｜ sáng mai 쌍 마이 내일 아침 ｜ cao 까오 높다, 키가 크다 ｜ chậm 쩜 느리다 ｜ rùa 주어(루어) 거북이

❷ 우등 비교 : '(무엇)이 (무엇)보다 더 ~하다'라는 뜻으로 어떤 것이 다른 것보다 우월하거나 열등한 것을 나타내며 hơn을 사용하여 만듭니다.

$$A + 형용사 + hơn + B$$

Tôi cao hơn bạn tôi. 나는 내 친구보다 키가 크다.
Phòng tôi rộng hơn phòng này. 내 방은 이 방보다 넓다.

❸ 최상급 : nhất을 사용하여 만드는데, 이때 비교 대상이 제시되지 않습니다.

$$A + 형용사/감정동사 + 목적어 + nhất$$

Tôi cao nhất. 내가 제일 키가 크다.
Tôi thích phở nhất. 나는 쌀국수를 제일 좋아한다.

최상급에서 「trong+범위」로 구체적인 범위를 한정할 수 있습니다.

$$A + 형용사/감정동사 + 목적어 + nhất + \underline{trong + 범위}$$

Tôi cao nhất trong lớp tôi. 나는 우리 반에서 제일 키가 크다.
Tôi thích phở nhất trong các món Việt Nam. 나는 베트남 음식들 중에서 쌀국수를 제일 좋아한다.

☑ 바로바로 체크 우리말을 참고하여 빈칸에 들어갈 알맞은 비교급을 쓰세요.

① Hà Nội đẹp _____ trong các thành phố ở Việt Nam.
하노이가 베트남의 도시들 중 가장 아름답다.

② Xoài ngọt _____ chôm chôm. 망고가 람부탄보다 달다.

③ Con sông này dài _____ sông Hàn. 이 강은 한강만큼 길다.

단어 phòng 퐁 방 | rộng 종(롱) 넓다 | lớp 럽 반, 수업 | món 몬 음식 | ngọt 응옷 달다 | chôm chôm 쫌 쫌
람부탄 | sông 쏭 강 | dài 자이(야이) 길다

42

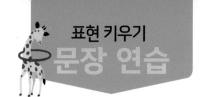

➕ 제시된 표현을 자연스럽게 따라 읽으며 베트남어 문장을 익혀 보세요.

❶

Thời tiết hôm nay thế nào?
Hôm nay trời lạnh.
Trời có mưa và gió mạnh.

• có gió mạnh 꼬 죠(요) 마잉(만) 강풍이 불다

❷

Bạn thích mùa nào nhất?
Tôi thích mùa hè nhất.

• mùa hè 무어 해 여름

❸

Cái này to bằng cái kia.
Anh Minh khỏe như voi.
Con voi to hơn con mèo.
Tiếng Việt khó nhất trong các ngoại ngữ.

• cái 까이 [대명사] 것 | này 나이 [지시사] 이 | to 또 크다 | kia 끼어 [지시사] 저 | voi 보이 코끼리 |
con 꼰 생물 앞에 쓰는 종별사 | mèo 매오 고양이 | ngoại ngữ 응오아이 응으 외국어

💬 다음 문장을 베트남어로 말해 보세요.

• 오늘은 날씨가 덥다.   ⇨ _____

• 나는 봄(mùa xuân)이 제일 좋다. ⇨ _____

• 한국어가 제일 쉽다.   ⇨ _____

Track03-5

1 다음 대화를 듣고 다낭의 오늘 날씨를 고르세요.

❶  ❷  ❸

Track03-6

2 다음 글을 읽고 질문에 답하세요.

> Hôm nay trời rất đẹp nên tôi đã định đi chơi ở công viên. Nhưng đến chiều, bỗng trời mưa to. Bây giờ là mùa khô ở thành phố Hồ Chí Minh. Tôi nghe bạn tôi nói đó là thời tiết lạ thường. Vào mùa khô, trời thường không mưa.

❶ Hương định đi chơi ở đâu?

⇢ _____

❷ Chiều hôm nay, trời ở thành phố Hồ Chí Minh thế nào?

⇢ _____

❸ Bây giờ ở thành phố Hồ Chí Minh là mùa nào?

⇢ _____

❹ Vào mùa khô, trời thường có mưa không?

⇢ _____

단어 **định** 딩 ~할 예정이다, ~할 작정이다 | **công viên** 꽁 비엔 공원 | **bỗng** 봉 갑자기 |
mưa to 므어 또 폭우가 오다 | **đó** 도 그것

44

3 제시된 단어를 배열하여 문장을 만드세요.

❶ mùa thu   vào   dễ chịu   trời   mát   và

➦ _____ .

가을에는 날씨가 시원하고 상쾌하다.

❷ thời tiết   nghe nói   Hà Nội   lạ thường   ở   thật

➦ _____ .

듣자 하니 하노이의 날씨가 정말 이상하대.

❸ túi xách   kia   này   cái   hơn   đắt

➦ _____ .

이것이 저 가방보다 비싸다.

4 그림을 보고 대화를 완성하세요.

❶

A Thời tiết hôm nay thế nào?

B _____ .

❷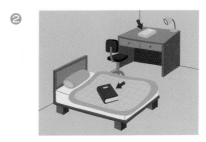

A Trong hai quyển sách, quyển
    nào dày hơn?

B _____ .

단어 ▸ mùa thu 무어 투 가을 | túi xách 뚜이 싸익(싹) 가방 | quyển 꾸이엔 책 앞에 쓰는 종별사 |
dày 자이(야이) 두껍다

계절

Track03-7

mùa xuân
무어 쑤언
봄

hoa anh đào
호아 아잉(안) 다오
벚꽃

khẩu trang
커우 짱
마스크

mùa hạ / mùa hè
무어 하 / 무어 해
여름

máy lạnh
마이 라잉(란)
에어컨

kính râm
낑 점(럼)
선글라스

mùa thu
무어 투
가을

lá phong
라 퐁
단풍

ô / dù
오 / 주(유)
우산

mùa đông
무어 동
겨울

tuyết
뚜이엣
눈

áo khoác
아오 코악
외투, 코트

· **mùa khô** 무어 코 건기 | **mùa mưa** 무어 므어 우기

홍수가 많은 베트남의 전설
Sơn Tinh, Thủy Tinh

베트남은 열대 계절풍의 영향을 크게 받습니다. 이에 베트남의 기후를 한마디로 열대 몬순 기후라고 하지요. 열대 계절풍은 5월~9월에 엄청난 비를 몰고 와 남부 지역은 우기에 접어들어, 옛부터 지금까지 베트남에 수많은 홍수를 일으켰습니다.

베트남 역사를 살펴보면 베트남 사람들의 삶은 항상 치수(治水)와 밀접한 관련이 있습니다. 그 특징은 썬띵(Sơn Tinh)-투이띵(Thủy Tinh) 전설에서도 나타납니다.

옛날에 홍(Hùng) 왕은 딸 미느엉(Mỵ nương)의 신랑감을 구하기 위해 대회를 열었는데, 그 누구도 왕의 마음을 사지 못했습니다. 그때 썬띵과 투이띵이 와서 미느엉을 아내로 달라고 요청합니다. 썬띵은 산의 신으로 산과 숲을 다스렸고, 투이띵은 바다의 신으로 비를 내리게 하여 물을 다스렸습니다. 둘 다 출중하고 비범한 능력을 가져 한 명을 선택하기 어려웠던 홍 왕은 특별한 예물을 바친 자를 사위로 선택하겠다고 합니다. 이 예물은 100개의 찹쌀떡, 100개의 바잉쯩(Bánh Chưng 베트남 전통 떡), 9개의 상아가 난 코끼리 한 쌍, 발톱이 9개인 닭 한 쌍, 9개의 붉은색 갈기가 있는 말 한 쌍이었습니다. 둘 중 이 예물을 먼저 가져온 사람이 공주를 아내로 맞을 수 있었습니다. 산의 신인 썬띵은 재빨리 이 모든 것을 구해 홍 왕에게 바쳤고 공주를 데리고 그의 거처인 딴비엔(Tản Viên) 산으로 갔습니다. 늦게 도착하여 공주를 빼앗긴 투이띵은 매우 분개하여 많은 비를 내리게 해, 썬띵과 공주가 있는 산까지 물이 차게 되었습니다. 이에 질세라 썬띵도 산을 더 높이 솟아오르게 했지요. 이 싸움은 몇 달간 이어졌고 결국 투이띵은 썬띵을 이길 수 없음을 알고 물러가게 됩니다. 하지만 매년 투이띵은 썬띵에게 복수하겠다는 일념으로 큰비를 내려 홍수를 일으킨다고 합니다.

04

Khi rỗi,
bạn thường làm gì?

한가할 때 너는 주로 무엇을 하니?

학습 목표

회화   취미와 습관에 대해 묻고 답할 수 있나

문법   시간과 때를 나타내는 khi / chỉ ~ thôi / 빈도부사 hay / đừng ~ nhé

단어   취미

Track04-1

회화★1

☐☐ khi	키	~할 때
☐☐ rỗi	조이(로이)	한가하다
☐☐ nhạc	냑	음악
☐☐ thể loại	테 로아이	장르
☐☐ nhạc trữ tình	냑 쯔 띵	발라드
☐☐ sở thích	써 틱	취미
☐☐ thú thật	투 텃	솔직히, 솔직히 말하면
☐☐ chỉ ~ thôi	찌 ~ 토이	단지 ~일 뿐이다

회화★2

☐☐ trông	쫑	보다, ~처럼 보이다
☐☐ có vẻ	꼬 배	~인 것처럼 보이다, ~인 듯하다
☐☐ làm sao	람 싸오	어찌하여, 어째서, 어떻게
☐☐ thiếu ngủ	티에우 응우	잠이 부족하다
☐☐ hay	하이	[빈도부사] 자주, 주로, 보통
☐☐ thức khuya	특 쿠이야	늦게까지 자지 않고 깨어 있다
☐☐ muộn	무온	늦다
☐☐ đừng	등	[금지 표현] ~하지 마세요
☐☐ như vậy	니으 버이	이렇다
☐☐ thói quen	토이 꾸앤	습관
☐☐ tốt	똣	좋다, 잘하다
☐☐ sức khỏe	쓱 코애	건강

회화 ★ 1   취미 말하기

Track04-2

Su-jin	Khi❶ rỗi, bạn thường làm gì?
Tài	Mình thường nghe nhạc.
Su-jin	Thế, bạn thích thể loại nhạc gì?
Tài	Mình thích nhạc trữ tình.
	Còn bạn, sở thích của bạn là gì?
Su-jin	Thú thật, mình chỉ thích xem tivi thôi.❷

 쏙쏙 Tip

trông A có vẻ ~ = A trông có vẻ ~   A는 ~처럼 보이다

trông은 '~처럼 보이다'라는 뜻의 동사이고 có vẻ도 역시 '~인 것처럼 보이다', '~인 듯하다'라는 뜻입니다. 부정적인 것에 대해 말할 때는 주로 두 단어를 같이 쓰고, 일반적인 상황에서는 trông만 사용해도 같은 뜻입니다. 말하고자 하는 대상(A)은 trông 앞뒤에 위치할 수 있습니다.

예 Món này trông ngon lắm.   이 음식은 매우 맛있어 보인다.

회화★2 습관 말하기

Ho-jin   Trông em có vẻ mệt. Em làm sao thế?

Lan   À, em thiếu ngủ lắm.

Ho-jin   Em có hay❸ thức khuya không?

Lan   Vâng, em thường đi ngủ rất muộn.

Ho-jin   Em đừng làm như vậy nhé.❹
   Đó là thói quen không tốt cho sức khỏe mà.

베트남 속 으로!

요즘 핫(nóng)한 취미 생활 đi phượt

요즘 베트남에서 많은 사람들이 즐기는 취미 중에 하나가 đi phượt(오토바이 자유 여행 가기)이에요. 친구나 연인과 함께 주로 자전거나 오토바이를 타고 떠나는데, 구체적인 계획을 세우지 않고 그저 자연 속을 탐험하며 가고 싶으면 가고 멈추고 싶으면 멈추는 자유로운 여행 방식이지요. 꼭 필요한 것만 챙겨서 가볍게 떠나고 숙박과 식사도 저렴하고 간소한 곳에서 하며 형식에 얽매이지 않아 자유로운 젊은이들이 좋아해요. 자연재해 등으로 어려움을 겪는 이웃들을 돕는 선한 phượt(오토바이 자유 여행) 여행도 있다고 하니 사회적으로도 긍정적인 효과를 주지요.

1 시간과 때를 나타내는 khi

khi는 서술어 혹은 절 앞에 놓여 '~할 때'라는 뜻을 나타냅니다. 「khi A thì B」 형식으로 쓰여 'A할 때 B하다'라는 뜻을 나타냅니다.

Khi rảnh, tôi thường đi dạo ở công viên.   한가할 때 나는 주로 공원에서 산책한다.

Khi có thì giờ thì mình thường vẽ tranh.   시간이 있을 때 나는 주로 그림을 그려.

「trước khi+서술어/절」은 '~하기 전에', 「sau khi+서술어/절」은 '~한 후에'라는 뜻입니다.

Trước khi đi ngủ, tôi thường đọc sách.   잠자리에 들기 전에, 나는 주로 독서를 한다.

Sau khi ăn cơm, cô Thu thường uống cà phê đen.
밥을 먹은 후에, 투(Thu) 선생님은 주로 아메리카노를 마신다.

☑ **바로바로 체크**   괄호 안에 제시된 단어를 배열하여 문장을 완성하세요.

① (xem / khi / phim), tôi thường ăn bỏng ngô.

⇢ _____

② (cơm / ăn / trước / khi), các bạn rửa tay nhé.

⇢ _____

---

2 chỉ ~ thôi

'단지 ~일 뿐이다', '겨우 ~이다'라는 뜻으로 수량이 적거나 정도가 약함을 말할 때 쓰는 부사 구문입니다.

> 주어 + chỉ + 동사 + 목적어 + thôi

Anh ấy chỉ có mấy người bạn thôi.   그는 친구가 겨우 몇 명밖에 없다.

Tôi chỉ xem thôi.   나는 그냥 보는 겁니다. [→아이쇼핑 할 때]

chỉ 또는 thôi를 생략해도 같은 뜻입니다.

Chị ấy có 10.000 thôi.   그 언니(누나)는 겨우 만 동밖에 없다.

Anh chỉ nói chơi mà.   오빠(형)는 단지 농담한 거야.

☑ 바로바로 체크   다음 〈보기〉를 참고하여 「chỉ ~ thôi」 구문으로 바꾸세요.

| 보기 | Tôi đến Hà Nội và Sài Gòn.
⇢ Tôi chỉ đến Hà Nội và Sài Gòn thôi.

① Chúng tôi có 2 người.   ⇢ _____

② Chị ấy uống sữa.   ⇢ _____

3 빈도부사 hay

hay는 '또는'이라는 뜻의 접속사, '좋다', '재미있다', '잘하다'라는 뜻의 형용사 이외에도 빈도부사로 쓰여 '자주', '주로', '보통'이라는 뜻을 나타냅니다. 빈도부사 hay는 주어 뒤, 동사 앞에 위치합니다.

Em ấy hay đi học muộn.   그 학생은 자주 학교에 지각한다.
Anh có hay đi xem phim ở rạp không?   오빠(형)는 자주 극장에 영화 보러 가나요?

➕ 여러 가지 빈도부사

항상	자주, 주로, 보통	가끔씩
luôn	thường / hay	thỉnh thoảng
때때로	**거의 ~하지 않다**	**절대로 ~하지 않다**
đôi khi	ít khi	không bao giờ

Tôi luôn đi làm đúng giờ.   나는 항상 정시에 출근한다.
Em Linh thỉnh thoảng tập thể dục ở phòng gym.   링(Linh)은 가끔씩 헬스장에서 운동한다.
Hải đôi khi ăn phở vào buổi sáng.   하이(Hải)는 때때로 아침에 쌀국수를 먹는다.
Em gái tôi ít khi nấu ăn.   내 여동생은 요리를 거의 하지 않는다.
Bố tôi không bao giờ hút thuốc.   우리 아버지는 절대로 담배를 피우지 않는다.

단어 **thì giờ** 티 져(여) 시간 | **vẽ tranh** 배 짜잉(짠) 그림을 그리다 | **sau** 싸우 뒤, 후 | **cà phê đen** 까 페 댄 아메리카노 | **bỏng ngô** 봉 응오 팝콘 | **rửa tay** 즈어(르어) 따이 손을 씻다 | **nói chơi** 노이 쩌이 농담하다 | **Sài Gòn** 사이 곤 사이공 | **rạp** 잡(랍) 극장 | **tập thể dục** 떱 테 죽(육) 운동하다 | **phòng gym** 퐁 짐 헬스장 | **hút thuốc** 훗 투옥 담배를 피우다

> **바로바로 체크** 다음 문장에서 hay의 뜻을 쓰세요.
>
> ① Bạn ấy nói tiếng Việt **hay** quá.　　(　　　　　)
> ② Cho tôi quả chôm chôm **hay** xoài.　　(　　　　　)
> ③ Tôi **hay** đi dạo vào buổi sáng.　　(　　　　　)

4 đừng ~ nhé

đừng은 동사 앞에 위치하여 '(동사)하지 마세요'라는 금지를 나타냅니다. 문장 끝에 nhé를 붙이면 완곡한 표현이 됩니다.

> 주어 + đừng + 동사 + 목적어 + nhé

Em **đừng** về nhà muộn **nhé**.　동생아, 집에 늦게 돌아오지 마.
Cô **đừng** cho rau thơm vào **nhé**.　아주머니, (음식에) 향채를 넣지 마세요.

문장 앞에 xin을 붙여 정중하게 말할 수 있습니다.

Xin đừng giẫm lên cỏ.　잔디를 밟지 마십시오.

보다 강하게 금지할 때는 「không được+동사」, 「cấm+동사/명사」 구문을 사용합니다.

Không được hút thuốc ở đây.　여기서 흡연하면 안 됩니다.
Cấm xả rác.　쓰레기 투기 금지

> **바로바로 체크** 다음 사진을 보고 금지 사항에 알맞은 문장을 고르세요.
>
>
>
> ① Không được sử dụng điện thoại.
> ② Đừng nói dối nhé.
> ③ Cấm chụp ảnh.

단어 cho 쪼 A vào 바오 (B) A를 (B)에 넣다 ㅣ rau thơm 자우(라우) 텀 향채, 고수 ㅣ giẫm 점(염) 짓밟다 ㅣ lên 렌 올라가다 ㅣ cỏ 꼬 풀, 잔디 ㅣ cấm 껌 금지하다 ㅣ xả rác 싸 작(락) 쓰레기를 버리다 ㅣ sử dụng 쓰 중(이웅) 사용하다 ㅣ nói dối 노이 조이(요이) 거짓말하다 ㅣ chụp ảnh 쭙 아잉(안) 사진을 찍다

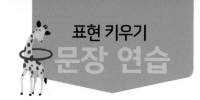

➕ 제시된 표현을 자연스럽게 따라 읽으며 베트남어 문장을 익혀 보세요.

1

Sở thích của bạn là gì?
Sở thích của tôi là chụp ảnh.

Khi rỗi(rảnh), bạn thường làm gì?
Tôi thường chơi bóng chày.

・ **chụp ảnh** 쯥 아잉(안) 사진을 찍다 ┃ **chơi bóng chày** 쩌이 봉 짜이 야구하다

2

Bạn có hay thức dậy muộn không?
Tôi ít khi thức dậy muộn.

・ **thức dậy** 특 저이(여이) 기상하다, 일어나다

3

Bạn đừng uống rượu nhé.
Bạn đừng buồn nhé.

・ **rượu** 즈어우(르어우) 술 ┃ **buồn** 부온 슬퍼하다

💬 다음 문장을 베트남어로 말해 보세요.

• 내 취미는 해외 여행(du lịch nước ngoài)을 가는 것이다. ⟼ _____

• 나는 거의 커피를 마시지 않는다. ⟼ _____

• (형에게) 늦게 오지(đến muộn) 마세요. ⟼ _____

Track04-5

1 다음 대화를 듣고 <u>여자의 취미</u>를 고르세요.

①  ②  ③

Track04-6

2 다음 글을 읽고 질문에 답하세요.

> Khi rỗi, tôi thường chơi bóng đá. Từ khi nhỏ, tôi rất thích chơi bóng đá. Công ty tôi có câu lạc bộ bóng đá nên mỗi tuần một lần tôi có thể chơi bóng đá với các đồng nghiệp. Sau khi chơi bóng đá, chúng tôi thường đi ăn gà rán và uống bia.

❶ Khi rỗi, Tài thường làm gì?

⇨ _____

❷ Tài có hay chơi bóng đá không?

⇨ _____

❸ Tài thường chơi bóng đá với ai?

⇨ _____

❹ Sau khi chơi bóng đá, Tài và các đồng nghiệp thường ăn gì?

⇨ _____

3 제시된 단어를 배열하여 문장을 만드세요.

① khuya   không bao giờ   tôi   thức

⇢ _____ .

나는 절대로 밤을 새지 않는다.

② nói khoác   anh   đừng   nhé

⇢ _____ .

오빠(형) 허풍 떨지 마세요.

③ có vẻ   chị   trông   mệt   rất

⇢ _____ .

언니(누나)는 매우 피곤해 보여요.

4 그림을 보고 대화를 완성하세요.

①

A Sở thích của bạn là gì?
B _____ .

②

A Khi rảnh, bạn thường làm gì?
B _____ .

단어 **nhỏ** 뇨 작다, 어리다 ㅣ **câu lạc bộ** 꺼우 락 보 동아리, 동호회 ㅣ **mỗi tuần** 모이 뚜언 매주 ㅣ **lần** 런 번, 횟수 ㅣ **đồng nghiệp** 동 응이엡 동료 ㅣ **gà rán** 가 잔(란) 프라이드치킨 ㅣ **bia** 비어 맥주 ㅣ **nói khoác** 노이 코악 과장하여 말하다

Track04-7

chơi game
쩌이 갬
게임하다

nhảy múa
냐이 무어
춤추다

hát
핫
노래하다

chơi thể thao
쩌이 테 타오
운동하다

nấu ăn
너우 안
요리하다

chụp ảnh
쭙 아잉(안)
사진을 찍다

cắm trại
깜 짜이
캠핑하다

đi dạo
디 자오(야오)
산책하다

leo núi
래오 누이
등산하다

베트남에서
가장 사랑받는 스포츠

베트남 사람들이 제일 좋아하는 스포츠 종목은 축구입니다. '스포츠의 왕'이라고 불리는 축구는 베트남의 남녀노소 모든 지역의 사람들이 열광하는 스포츠이지요. 우리나라의 박항서 감독이 베트남에서 새로운 신화를 쓰는 동안 베트남 사람들의 축구 사랑은 더 불타오르고 있습니다.

베트남 사람들은 축구 경기를 함께 보고 즐기며 응원하는 것 이외에도 경기 결과를 내기하는 것을 좋아합니다. 물론 일부에서는 사행성 도박이 사회적 문제가 되고 있지만 대부분의 베트남 사람들은 커피 한 잔, 밥 한 끼, 과자 등을 내기로 걸며 소소한 즐거움을 얻습니다. 이런 내기에 외국인들은 놀랄 수 있지만 베트남 사람들이 즐겁게 스포츠를 향유하는 방식이라고 생각하고 커피 한 잔 대접하며 축구 경기를 함께 즐기는 것도 좋은 추억이 될 수 있겠지요.

BÀI

05

Bạn đã đến Huế
bao giờ chưa?

너는 후에에 가본 적 있어?

───── 학습 목표 ─────

회화 경험과 계획을 묻고 답할 수 있다

문법 경험 구문 / 관계대명사 mà / cả+명사 / để+동사 / 의문사+cũng

단어 베트남 여행지

회화★1

☐☐	kỳ	끼	기간
☐☐	nghỉ hè	응이 해	여름 방학, 여름휴가
☐☐	cố đô	꼬 도	고도, 옛 수도
☐☐	thắng cảnh	탕 까잉(깐)	명승고적지, 이름난 여행지
☐☐	nổi tiếng	노이 띠엥	유명한
☐☐	lần	런	번, 횟수
☐☐	thành phố	타잉(탄) 포	도시
☐☐	mà	마	[관계대명사] ~한

회화★2

☐☐	dự định	즈(이으) 딩	예정, ~할 예정이다
☐☐	cả	까	모든, 온, 전부
☐☐	để	데	[목적] ~하기 위해서
☐☐	tìm hiểu	띰 히에우	이해하다, 알아보다
☐☐	về	베	[전치사] ~에 대해서, ~에 관하여
☐☐	lịch sử	릭 쓰	역사
☐☐	quan tâm đến	꾸안 떰 덴	~에 관심이 있다

회화★1 경험 말하기

Su-jin   Kỳ nghỉ hè này, mình định đi Huế.

Tài   Tốt quá. Huế là cố đô của Việt Nam.
       Ở đó có nhiều thắng cảnh nổi tiếng.

Su-jin   Bạn đã đến Huế bao giờ chưa?❶

Tài   Nhiều lần rồi.
       Huế là thành phố mà❷ mình thích nhất.

쏙쏙 Tip

định과 dự định

định은 '~할 예정이다', '~할 작정이다'라는 뜻의 동시이고, dự định(예정, ~할 예정이다)은 명사와 동사 역할을 동시에 합니다.

📌 Tôi định đi thực tập tiếng Việt ở Việt Nam.   나는 베트남에 베트남어 어학 연수를 갈 예정이다.
    Cuối tuần này, bạn có dự định gì không?   이번 주말에 너는 어떤 계획이라도 있니?

· thực tập 특 떱 실습, 어학 연수

회화 ★ 2 계획 말하기

Lan	Kỳ nghỉ hè này, anh có dự định gì không?
Ho-jin	Cả[3] gia đình anh đi du lịch ở Huế.
Lan	Gia đình anh đến Huế để[4] làm gì?
Ho-jin	Để tìm hiểu về lịch sử Việt Nam. Ở nhà anh, ai cũng[5] quan tâm đến Việt Nam.

베트남 속 으로!

베트남은 여름 방학이 길어요!

베트남의 새로운 학년은 9월부터 시작하여 그 다음해 5월 말에 끝나기 때문에 베트남 학생들은 매우 긴(6월 초~8월 말) 여름 방학을 보내요. 또 겨울 방학이 없고 약 2주간의 설날 연휴가 있지요. 이러한 방학 기간에는 상당 부분 베트남의 기후가 반영되었어요. 북부 지역 같은 경우에는 겨울이 있지만 비교적 덜 춥고 여름이 길고 무덥기 때문에 공부에 집중해야 할 학생들은 겨울에 집중적으로 공부하고 여름에 푹 쉬는 게 효율적이겠지요. 긴 여름 방학 동안 베트남 학생들은 여행을 가거나 각 교육 기관에서 주관하는 서머스쿨 활동에 참여한답니다.

1 경험 구문

경험을 물을 때는 「đã ~ bao giờ chưa?」 구문을 씁니다. 이때 bao giờ는 '언제'를 물어보는 의문사가 아니라 경험 구문의 일부가 됩니다.

Anh đã đi Việt Nam bao giờ chưa? 형(오빠)은 베트남에 가본 적 있나요?
Em đã đến Mũi Né bao giờ chưa? 너는 무이네에 와본 적 있어?

「đã ~ bao giờ chưa?」 구문에서 bao giờ가 đã의 바로 뒤로 이동하여 「đã bao giờ ~ chưa?」 형태가 되기도 합니다.

Anh đã bao giờ đi Việt Nam chưa? 형(오빠)은 베트남에 가본 적 있나요?
Em đã bao giờ đến Mũi Né chưa? 너는 무이네에 와본 적 있어?

경험 구문에 대한 대답은 경험이 있을 때에는 횟수와 함께 말하는 것이 자연스럽습니다. 경험이 없을 때에는 '한번도 ~해본 적 없다'라는 의미로 chưa를 사용한 부정문에 bao giờ를 함께 씁니다.

Anh đã đi Việt Nam 2 lần rồi. 나는 베트남에 두 번 가봤어.
Em chưa đến Mũi Né bao giờ. 저는 한번도 무이네에 가본 적이 없어요.

TIP

횟수가 많을 때는 nhiều lần(여러 번)을 씁니다.

Chị đã ăn phở nhiều lần rồi. 나는 쌀국수를 여러 번 먹어 봤지.

☑ 바로바로 **체크**   다음 질문에 답하세요. ─────

① Bạn đã đi xích lô bao giờ chưa?

⇢ _____

② Bạn đã gặp người Việt Nam bao giờ chưa?

⇢ _____

2 관계대명사 mà

「주어+동사」 형태의 절이 명사를 수식할 때 관계대명사 mà를 사용하여 「명사+mà+주어+동사」 형태로 쓰고, '(주어)가 (동사)한 명사'로 해석합니다.

sách mà tôi mua   내가 산 책

Đây là sách mà tôi mua.
Món mà mẹ tôi nấu rất ngon.

món mà mẹ nấu   엄마가 한 요리

이것이 내가 산 책이다.

우리 엄마가 한 요리는 매우 맛있다.

> **TIP**
> 관계대명사 mà는 생략할 수 있습니다.
> **Thành phố (mà) em nhớ nhất là Hà Nội.**
> 제가 제일 기억하는 도시는 하노이예요.

☑ **바로바로 체크**   다음을 베트남어로 쓰세요.

① 내가 본 영화   ⋯▷ _____

② 내가 좋아하는 음식(món ăn) ⋯▷ _____

3 cả+명사

cả는 '모든', '전부'라는 뜻으로 「cả+집단 명사」 형식으로 쓰여 그 집단 전체를 나타냅니다.

Cả nhà thích xem bóng đá.   집(가족) 전체가 축구 보는 것을 좋아한다.
Ngày mai cả trường được nghỉ.   내일 학교 전체가 쉰다.

'모든'이라는 뜻을 가진 tất cả는 개체 명사와 결합합니다.

Tất cả các học sinh đều đi du lịch.   모든 학생들이 다 여행을 간다.

단어 **Mũi Né** 무이 내 [지명] 무이네 | **xích lô** 씩 로 시클로 | **nấu** 너우 요리하다 | **nhớ** 녀 기억하다 | **trường** 쯔엉 학교
| **nghỉ** 응이 쉬다

바로바로 체크 빈칸에 cả 혹은 tất cả를 넣어 문장을 완성하세요.

① _____ các sinh viên trong khoa này đều đi thực tập.

② _____ nước vui mừng.

4 목적 표현 「để+동사」

để가 동사 앞에 위치하면 '(동사)하기 위해서'라는 목적을 나타냅니다.

để học tiếng Việt   베트남어를 배우기 위해서

목적을 이루기 위한 행동은 주로 「để+동사」 앞에 위치합니다.

주어 + 동사 + 목적어 + để + 동사 + 목적어
    목적을 이루기 위한 행동   목적

Tôi đến Việt Nam để học tiếng Việt.   나는 베트남어를 공부하러 베트남에 왔다.
Tôi học tiếng Việt để làm việc ở Việt Nam.   나는 베트남에서 일하기 위해서 베트남어를 공부한다.

목적을 물어볼 때는 「문장+để làm gì?(무엇을 하기 위해서~)」 구문을 씁니다.

주어 + 동사 + 목적어 + để làm gì?

Bạn đến Việt Nam để làm gì?   너는 무엇을 하기 위해 베트남에 왔니?

바로바로 체크 다음을 알맞게 연결하여 올바른 문장을 만드세요.

① Tôi học tiếng Việt để   •   • A ăn phở.

② Anh ấy đến quán phở để   •   • B đi du lịch ở Việt Nam.

단어 khoa 코아 학과, 과 | thực tập 특 떱 실습, 어학 연수 | vui mừng 부이 믕 기뻐하다

5 의문사+cũng

「의문사+cũng」은 전체, 즉 100%를 나타냅니다. '누구'라는 의미의 의문사 ai와 cũng이 결합하면 '누구나 다'라는 뜻으로 모든 사람을 의미합니다.

> Ai cũng + 동사 + 목적어

Ai cũng muốn tham quan phố cổ Hà Nội.　누구나 다 하노이 옛 거리를 관광하고 싶어 한다.
Ai cũng biết sự thật đó.　누구나 다 그 사실을 안다.

반대로 「không+의문사」는 0%를 나타냅니다. không ai는 '아무도 ~하지 않다'라는 뜻입니다.

> Không ai + 동사 + 목적어

Không ai thích anh ấy.　아무도 그를 좋아하지 않는다.
Không ai muốn về nhà.　아무도 집에 돌아가고 싶어 하지 않는다.

또한 cũng은 다른 여러 의문사와 결합할 수 있습니다.

의문사	뜻	의문사+cũng	뜻
bao giờ		bao giờ cũng	
khi nào	언제	khi nào cũng	언제나, 항상
lúc nào		lúc nào cũng	
đâu	어디	đâu cũng	어디든지
thế nào	어때요	thế nào cũng	어찌하든지, 반드시

Bao giờ cũng được.　언제든지 가능해.
Đi đâu cũng được.　어디 가든지 오케이.
Tôi thế nào cũng đi Việt Nam.　나는 어찌하든지 베트남에 가고 말 거야.

단어 tham quan 탐 꾸안 관광하다 | phố cổ 포 꼬 옛 거리 | sự thật 쓰 텃 사실

다음 〈보기〉를 참고하여 ai cũng을 사용한 문장으로 바꾸세요. ⎯⎯⎯

> |보기| Tất cả mọi người đều đồng ý.
> ⋯⋗ <u>Ai cũng</u> đồng ý.

① Tất cả các sinh viên đều học chăm chỉ.

⋯⋗ _____

② Tất cả mọi người đều muốn sống hạnh phúc.

⋯⋗ _____

단어 mọi 모이 모든 | đồng ý 동 이 동의하다 | chăm chỉ 짬 찌 열심히 | hạnh phúc 하잉(한) 푹 행복하다

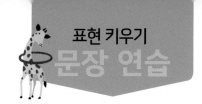

표현 키우기

문장 연습

Track05-4

➕ 제시된 표현을 자연스럽게 따라 읽으며 베트남어 문장을 익혀 보세요.

1

Bạn đã tham quan phố cổ bao giờ chưa?
Rồi, tôi đã tham quan phố cổ nhiều lần rồi.
Chưa, tôi chưa bao giờ tham quan phố cổ.

· phố cổ 포 꼬 옛 거리

2

Bạn học tiếng Việt để làm gì?
Tôi học tiếng Việt để tìm hiểu về văn hoá Việt Nam.

· văn hoá 반 호아 문화

3

Ai cũng quan tâm đến văn hoá Việt Nam.
Không ai không thích Việt Nam.

· quan tâm đến 꾸안 떰 덴 ~에 관심이 있다

💬 다음 문장을 베트남어로 말해 보세요.

· 당신은 베트남 아오자이를 입어(mặc) 본 적 있나요? ⇨ _____

· 나는 베트남에 여행하기 위해 왔어요. ⇨ _____

· 누구나 다 베트남을 좋아해요. ⇨ _____

Track05-5

1 다음 대화를 듣고 남자가 베트남에서 해보지 <u>못한</u> 것을 고르세요.

❶  ❷  ❸

Track05-6

2 다음 글을 읽고 질문에 답하세요.

> Kỳ nghỉ hè này, cả gia đình tôi định đi Huế. Tôi nghe nói Huế là một thành phố rất đẹp và cổ kính. Huế là cố đô của Việt Nam nên chúng tôi có thể tìm hiểu về lịch sử và văn hoá truyền thống Việt Nam ở đó. Ai cũng muốn ăn thử bún bò Huế, đó là món đặc sản của Huế.

❶ Kỳ nghỉ hè này, cả gia đình Ho-jin định đi đâu?

⇢ _____

❷ Theo Ho-jin, Huế là nơi như thế nào?

⇢ _____

❸ Ở Huế, gia đình của Ho-jin có thể làm gì?

⇢ _____

❹ Món đặc sản của Huế là món gì?

⇢ _____

3 제시된 단어를 배열하여 문장을 만드세요.

① thắng cảnh   đẹp   nhiều   đó   có   ở

⇢ _____.

그곳에는 아름다운 명승고적지가 많이 있어.

② ảnh   ở Việt Nam   mà   chụp   tôi   là   đây

⇢ _____.

이것은 내가 베트남에서 찍은 사진이다.

③ rất   nói   ngon   phở   cũng   ai

⇢ _____.

누구나 다 쌀국수가 매우 맛있다고 말해요.

4 그림을 보고 대화를 완성하세요.

①

A Bạn đã đi du lịch ở Việt Nam bao

giờ chưa?

B _____.

②

A Em học tiếng Việt để làm gì?

B _____.

단어 **cổ kính** 꼬 낑 고풍스러운 ｜ **truyền thống** 쭈이엔 통 전통 ｜ **món đặc sản** 몬 닥 싼 명물 요리

Sapa 사파

Hà Nội 하노이

Vịnh Hạ Long 하롱베이

Huế 후에

Đà Nẵng 다낭

Hội An 호이안

Nha Trang 냐짱, 나트랑

thành phố Hồ Chí Minh 호찌민 시

Đà Lạt 달랏

Mũi Né 무이네

đảo Phú Quốc
푸꾸옥, 푸국 섬

응우옌 왕조와 고도 후에(Huế)

응우옌(Nguyễn) 왕조는 베트남의 마지막 봉건 왕조(1802~1945)로, 떠이썬(Tây Sơn) 왕조를 멸망시키고 나라를 통일한 응우옌 푹 아잉(Nguyễn Phúc Ánh) 황제가 시조입니다. 응우옌 왕조는 대대로 후에(Huế)를 도읍지로 삼고 찬란한 전통 문화를 발전시켰습니다. 초기 황제들의 강력한 중앙 집권제를 바탕으로 역대 다른 왕조에 비해 강한 국력을 가지고 남방 개척 정책을 시행하여 오늘날 남부 베트남 땅을 손에 넣었지만 태국, 라오스, 캄보디아 등 주변국과의 분쟁으로 점차 국력이 쇠퇴하였고 프랑스의 침략을 받게 됩니다. 고도 후에에는 응우옌 왕조의 흔적이 도시 곳곳에 남아 있습니다. 이 고즈넉하고 고요한 역사 도시에는 수많은 역사적 기념물과 건축물이 있어 매년 관광객들이 몰려들고, 응우옌 왕조의 황제들이 기거했던 후에 황성과 후에 황릉은 유네스코 세계 문화유산으로 지정되어 역사 문화적 가치를 후세에 널리 알리고 있습니다. 또한 흐엉(Hương) 강 강변에 위치한 아름다운 사원인 티엔무(Thiên Mù) 사도 놓쳐서는 안 될 볼거리이지요. 황제들이 살았던 도시인 만큼 후에의 궁중 요리 또한 매우 유명한데, 화려한 장식으로 멋스럽게 꾸민 궁중 요리를 눈으로 감상하며 즐기는 것이 포인트입니다.

BÀI

06

Ôn tập

복습

 1~5과의 주요 학습 내용을 복습할 수 있다

단어 체크

1★다음 단어의 뜻을 쓰세요.

① bạn thân ⇢ _____   ② sự kiện ⇢ _____

③ dĩ nhiên ⇢ _____   ④ chuyện ⇢ _____

⑤ bớt ⇢ _____   ⑥ tiền ⇢ _____

⑦ thời tiết ⇢ _____   ⑧ nghe nói ⇢ _____

⑨ mát ⇢ _____   ⑩ thể loại ⇢ _____

⑪ sở thích ⇢ _____   ⑫ thói quen ⇢ _____

⑬ lần ⇢ _____   ⑭ lịch sử ⇢ _____

⑮ nghỉ hè ⇢ _____   ⑯ dự định ⇢ _____

2★다음 뜻에 알맞은 베트남어를 쓰세요.

① [의문사] 누구, 누가   ② 노래하다

⇢ _____   ⇢ _____

③ 비싸다   ④ 사다, 구매하다

⇢ _____   ⇢ _____

⑤ 태풍   ⑥ 스키를 타다

⇢ _____   ⇢ _____

⑦ 솔직히, 솔직히 말하면   ⑧ 건강

⇢ _____   ⇢ _____

⑨ 유명한   ⑩ 이해하다, 알아보다

⇢ _____   ⇢ _____

1 가능 표현

긍정문	주어 + 동사 + được + 목적어
	주어 + 동사 + 목적어 + được
	주어 + có thể + 동사 + 목적어
	주어 + có thể + 동사 + 목적어 + được

부정문	주어 + không + 동사 + được + 목적어
	주어 + không + 동사 + 목적어 + được
	주어 + không thể + 동사 + 목적어
	주어 + không thể + 동사 + 목적어 + được

의문문	주어 + (có) + 동사 + được + 목적어 + không?
	주어 + (có) + 동사 + 목적어 + được không?
	주어 + có thể + 동사 + 목적어 + không?
	주어 + có thể + 동사 + 목적어 + được không?

2 종별사

품사	종별사	대명사	단위성 명사, 양사
위치	명사 앞	형용사 앞	숫자 뒤, 명사 앞
cái	cái bàn 책상	cái này 이것	một cái bàn 책상 하나
con	con mèo 고양이	con này 이 동물	hai con mèo 고양이 두 마리
quyển / cuốn	quyển sách 책	quyển này 이 책	ba quyển sách 책 세 권
quả / trái	quả cam 오렌지	quả này 이 과일	bốn quả cam 오렌지 네 개
tờ	tờ báo 신문	tờ này 이 신문	năm tờ báo 신문 다섯 부
đôi	đôi giày 구두, 신발	đôi này 이것	sáu đôi giày 구두 여섯 켤레

3 비교급

동등 비교   A + 형용사 + bằng/như + B

우등 비교   A + 형용사 + hơn + B

최상급   A + 형용사/감정동사 + 목적어 + nhất
         A + 형용사/감정동사 + 목적어 + nhất + trong + 범위

4 경험 묻고 답하기

경험을 물을 때   đã + 동사 + 목적어 + bao giờ chưa?
                đã bao giờ + 동사 + 목적어 + chưa?

경험이 있을 때   đã + 동사 + 목적어 + 횟수 + rồi

경험이 없을 때   chưa + 동사 + 목적어 + bao giờ

5 명령문과 청유문

명령문   주어 + 동사 + 목적어 + đi / nhé / đi nhé

청유문   Chúng ta + 동사 + 목적어 + đi / nhé / đi nhé

6 금지, 제한의 표현

완곡한 어조	객관적인 어조	강한 어조
đừng ~하지 마세요	không được ~하면 안 됩니다	cấm ~하는 것 금지

듣기 연습

Track06-1

1 녹음을 듣고 빈칸을 채우세요.

❶ Bạn có _____ gì vậy?

❷ Cửa hàng này bán _____ .

❸ Ngày mai trời có _____ không?

Track06-2

2 녹음을 듣고 질문에 답하세요.

❶ _____

❷ _____

❸ _____

Track06-3

3 녹음을 듣고 질문에 알맞은 대답을 고르세요.

❶ Khi rỗi, Minh thường làm gì?

  A chụp ảnh   B tập thể dục   C xem tivi

❷ Linh thích mùa nào nhất trong năm?

  A mùa xuân   B mùa hè   C mùa thu

❸ Thu đã đến thành phố Gyeongju mấy lần rồi?

  A chưa đến một lần nào   B 1 lần   C 2 lần

❹ Người nữ mua mấy cân cam?

  A 1 cân   B 2 cân   C 3 cân

 cam 감 오렌지

78

1 다음 빈칸에 들어갈 알맞은 단어를 고르세요.

❶ Anh _____ bơi không?

   A được   B có thể   C có được

❷ Tôi đã mua một _____ giày.

   A cuốn   B tờ   C đôi

❸ Cái máy tính này đắt _____ cái máy tính kia.

   A hơn   B nhất   C thôi

❹ Người _____ tôi đã gặp ở Việt Nam là anh Minh.

   A cả   B mà   C của

2 다음 중 맞는 문장에는 O, 틀린 문장에는 X를 표시한 후, 틀린 문장은 바르게 고치세요.

❶ Tôi đến Việt Nam để làm việc. ☐

⇢ _____

❷ Thì có nhiều tiền nếu chị sẽ đi du lịch ở châu Âu. ☐

⇢ _____

❸ Ông Nam nuôi hai cái mèo. ☐

⇢ _____

❹ Cũng ai muốn tìm hiểu về văn hoá Việt Nam. ☐

⇢ _____

단어 máy tính 마이 띵 컴퓨터 | châu Âu 쩌우 어우 유럽 | nuôi 누오이 기르다

1 다음 글을 읽고 질문에 답하세요.

Track06-4

> Mina đã học tiếng Việt 10 tháng nên cô ấy có thể nói tiếng Việt được. Mina thích giao lưu với mọi người nên có nhiều bạn người Việt. Vào cuối tuần Mina thường đi chợ Bến Thành để mua sắm. Hôm nay Mina đã mua một cái áo sơ mi, một đôi giày, hai quả táo ở chợ Bến Thành. Tuần sau Mina sẽ đi du lịch ở Huế để học về lịch sử Việt Nam.

❶ Mina có thể nói tiếng Việt được không?

⇢ _____

❷ Mina có bạn người Việt không?

⇢ _____

❸ Mina thường đi chợ Bến Thành để làm gì?

⇢ _____

❹ Hôm nay Mina đã mua những gì ở chợ Bến Thành?

⇢ _____

❺ Mina đi du lịch ở Huế để làm gì?

⇢ _____

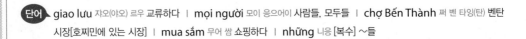

단어 giao lưu 쟈오(야오) 르우 교류하다 | mọi người 모이 응으어이 사람들, 모두들 | chợ Bến Thành 쩌 벤 타잉(탄) 벤탄 시장[호찌민에 있는 시장] | mua sắm 무어 쌈 쇼핑하다 | những 니응 [복수] ~들

1 다음 대답에 맞는 질문을 쓰세요.

① A _____ ?　　내일 언니(누나)는 올 수 있나요?

　　B Được. Tôi có thể đến được.　　　　　 응. 나는 갈 수 있어.

② A _____ ?　　이 망고는 1kg에 얼마예요?

　　B Quả này 30.000 đồng một cân.　　　　이 과일은 1kg에 3만 동이야.

③ A _____ ?　　오늘 날씨는 어때요?

　　B Trời hôm nay nóng và nắng.　　　　　오늘 날씨는 덥고 햇볕이 쨍쨍해요.

④ A _____ ?　　형(오빠)의 취미는 뭐예요?

　　B Sở thích của tôi là xem phim.　　　　 내 취미는 영화 보기야.

⑤ A _____ ?　　너(동생)는 하노이에 가본 적이 있니?

　　B Rồi, em đã đến Hà Nội 3 lần rồi.　　　네. 저는 하노이에 세 번 가봤어요.

2 빈칸에 알맞은 단어를 넣어 대화를 완성하세요.

A Trông em _____ mệt. Em làm sao thế?

B Em thiếu ngủ lắm. Em _____ đi ngủ rất muộn.

A Em _____ đi ngủ muộn nhé. Thói quen đó không tốt _____ sức khỏe.

B Vâng, em sẽ cố gắng đi ngủ sớm.

단어 cố gắng 꼬 강 노력하다

BÀI

07

Anh nên đi bằng máy bay.

당신은 비행기로 가는 것이 좋겠어요.

──────────────── 학습 목표 ────────────────

회화 교통수단과 이동 시간을 묻고 답할 수 있다

문법 전치사 bằng / không những A mà còn B (nữa) / 의문사 bao lâu / 조동사 nên

단어 교통수단

회화 ★ 1

☐☐	đi lại	디 라이	이동하다
☐☐	bằng	방	[전치사] (도구, 수단, 방법, 재료 등) ~로, ~으로
☐☐	mọi người	모이 응으어이	사람들, 모두들
☐☐	xe máy	쌔 마이	오토바이
☐☐	phổ biến	포 비엔	보편적이다
☐☐	dễ	제(예)	쉽다
☐☐	tiện	띠엔	편리하다

회화 ★ 2

☐☐	mất	멋	(시간이) 걸리다, 소요되다
☐☐	bao lâu	바오 러우	[의문사] 얼마나 오래
☐☐	khoảng	코앙	약, 대략
☐☐	tàu hỏa	따우 호아	기차
☐☐	theo	태오	~에 따르면
☐☐	máy bay	마이 바이	비행기
☐☐	nên	넨	[조동사] ~하는 것이 좋다
☐☐	cần	껀	[조동사] ~할 필요가 있다 [동사] 필요하다
☐☐	thuê	투에	빌리다, 임차하다
☐☐	tham quan	탐 꾸안	관광하다

Track07-2

회화 ★ 1   교통수단 말하기

Su-jin   Người Việt Nam thường đi lại bằng❶ gì?

Tài   Mọi người thường đi lại bằng xe máy.

Ở Việt Nam, xe máy rất phổ biến.

Su-jin   Vì sao mọi người thích đi xe máy?

Tài   Đi xe máy không những dễ mà còn tiện

nữa.❷

동사 **mất**

mất은 여러 가지 뜻을 가진 동사로 ① 잃다, 잃어버리다 ② (시간이) 걸리다 ③ (사람이) 돌아가시다
등의 뜻이 있습니다. 「mất+시간」 형식은 소요 시간을 나타냅니다.

예 Chuyến đi mất 5 tiếng.   가는 편은 5시간이 걸린다.

Đến Hà Nội mất 1 ngày.   하노이까지 하루가 걸린다.

Track07-3

회화 ★2 이동 시간 말하기

Ho-jin　Lan ơi, từ Hà Nội đến Huế mất bao lâu❸?

Lan　Mất khoảng 13 tiếng bằng tàu hỏa.
　　　Theo em, anh nên đi bằng máy bay.

Ho-jin　Ừ. Thế, ở Huế anh nên❹ đi lại bằng gì?

Lan　Anh cần thuê xe máy để tham quan thành
　　　phố.

베트남 속 으로!

시클로를 타고 풍경을 즐겨 보세요!

베트남에는 시클로(xích lô)라고 불리는 자전거를 개조하여 만든 특별한 교통수단이 있어요. 다른 나라의 시클로와 달리 베트남의 시클로는 운전수가 손님의 뒤에 타서 운전해요. 그래서 시클로에 타면 탁 트인 풍경을 볼 수 있지요. 예전에는 택시처럼 목적지까지 손님을 태워 주는 교통수단이었지만 지금은 관광지에서 관광객들이 체험해 보는 여행 상품이에요. 시클로의 이용 가격이 정해져 있기도 하지만 주로 가격을 흥정한 후에 이용하지요. 베트남에 가면 아오자이를 입고 시클로 타기 인증샷을 꼭 남겨 보세요!

실력 다지기 문법

1 전치사 bằng

앞서 배운 bằng은 동등 비교를 만드는 단어였지만 도구, 수단, 방법, 재료를 나타내는 명사 앞에 위치하여 전치사로 쓰일 때는 '～로', '～으로'라는 뜻입니다. 영어의 by와 비슷합니다. *동등 비교 bằng ▶ 41쪽

주어 + 동사 + 목적어 + bằng + 도구, 수단, 방법, 재료 명사

Người Việt Nam ăn cơm bằng đũa.	베트남 사람은 젓가락으로 밥을 먹는다.
Tôi đi Đà Nẵng bằng máy bay.	나는 비행기로 다낭에 간다.
Chúng tôi nói bằng tiếng Việt.	우리는 베트남어로 말해요.
Cái bàn này làm bằng gỗ.	이 책상은 나무로 만들었다.

회화에서 동사 đi를 사용하여 교통수단의 이용에 대해 말할 때 bằng을 생략하기도 합니다.

Tôi đi (bằng) xe máy.   나는 오토바이를 타고 간다.

☑ 바로바로 체크   다음 중 〈보기〉의 밑줄 친 bằng과 쓰임이 다른 문장을 고르세요.

| 보기 | Áo này làm bằng tay.

① Món này làm bằng gạo.

② Tôi đi làm bằng xe máy.

③ Điện thoại này to bằng điện thoại kia.

2 không những A mà còn B (nữa)

'A뿐만 아니라 B하기까지 하다'라는 뜻의 구문으로 두 가지 상태나 특징을 가지고 있음을 강조합니다. 문장 끝의 nữa는 생략할 수 있습니다.

Chị Linh không những thông minh mà còn đẹp nữa.
링(Linh) 언니(누나)는 똑똑할 뿐만 아니라 예쁘기까지 하다.

Anh Tài không những học tốt mà còn chơi thể thao giỏi.
따이(Tài) 오빠(형)는 공부를 잘할 뿐만 아니라 운동도 잘한다.

다음 두 문장을 「không những A mà còn B」 구문으로 바꾸세요.

① Anh Minh nói được tiếng Hàn. Anh Minh nói được tiếng Pháp nữa.

⋯➡ _____

② Trời hôm nay đẹp. Trời hôm nay ấm nữa.

⋯➡ _____

3 의문사 bao lâu

bao lâu(얼마나 오래)는 시간이나 기간을 물어보는 의문사로 「bao(얼마나)+형용사(lâu)」의 형태로 이루어졌습니다.

Anh sẽ sống ở đây bao lâu?　　　　오빠(형)는 여기에서 얼마나 오래 살 거예요?

bao lâu 뒤에 완료를 나타내는 rồi를 붙여 bao lâu rồi(~한 지 얼마나 오래되었나요?) 형태로 시작점에서 현재까지 기간이 얼마나 되었는지를 물어볼 수 있습니다.

Chị đã học tiếng Việt bao lâu rồi?　　언니(누나)는 베트남어를 공부한 지 얼마나 오래되었나요?

'시간이 걸리다'라는 뜻을 가진 동사 mất과 함께 쓰여 소요 시간을 물어볼 수 있습니다.

Từ Hà Nội đến Đà Nẵng mất bao lâu?　하노이에서 다낭까지는 얼마나 오래 걸리나요?

TIP

앞서 배운 bao nhiêu(얼마나 많이, 몇) 또한 「bao(얼마나)+형용사(nhiêu)」 형태로 이루어진 의문사로 10 이상의 수나 양을 물어볼 때 사용합니다. ＊수량의문사 bao nhiêu ▶ 29쪽

bao lâu → 기간, 시간　　　bao nhiêu → 수, 양

다음 빈칸에 bao lâu 혹은 bao nhiêu를 넣어 문장을 완성하세요.

① Bạn sẽ ở Thái Lan _____ ngày?

② Bác làm tài xế taxi _____ rồi?

단어 đũa 두어 젓가락 ｜ bàn 반 책상 ｜ gỗ 고 목재, 나무 ｜ tay 따이 손, 팔 ｜ gạo 가오 쌀 ｜ to 또 크다 ｜
thông minh 통 밍 똑똑하다 ｜ thể thao 테 타오 스포츠 ｜ giỏi 조이(요이) 잘하다, 뛰어나다 ｜ tài xế 따이 쎄 운전기사

4 조동사 nên

nên은 「vì A nên B」 형태로 혹은 절과 절 사이에 쓰이면 접속사로 '그래서'라는 뜻이지만, 동사 앞에 위치하면 '~하는 것이 좋다', '~해야 한다'라는 뜻의 조동사로 영어의 should와 비슷합니다. 충고나 조언을 할 때 주로 사용합니다.

> 주어 + nên + 동사 + 목적어

Em nên uống vitamin.	너는 비타민을 먹는 것이 좋겠어.
Chị nên đặt vé trước.	언니(누나)는 미리 표를 예약하는 게 좋겠어요.

> **TIP**
> 베트남어로 '약을 먹다'라고 표현할 때는 ăn(먹다)이 아닌 uống(마시다)을 동사로 씁니다.

반대로 무엇을 하지 말라고 충고하거나 조언할 때는 「không nên+동사」를 씁니다.

> 주어 + không nên + 동사 + 목적어

Anh không nên uống rượu.	오빠(형)는 술을 마시지 않는 것이 좋아요.
Bạn không nên đi đêm ở khu vực này.	이 동네에서 밤에 돌아다니지 않는 게 좋아.

자주 쓰이는 조동사로 cần(~할 필요가 있다)과 phải(~해야 한다)가 있습니다.

Nhà tôi cần sửa.	우리 집은 수리해야 할 필요가 있다.
Tôi phải nộp bài tập đến ngày mai.	나는 내일까지 숙제를 내야 한다.

☑ 바로바로 체크 다음 문장을 해석하세요.

① Mình phải về nhà trước 11 giờ đêm. ⇨ _____

② Con cần đến thăm ông bà nhé. ⇨ _____

 단어 ▸ đặt vé 닷 배 표를 예약하다 ㅣ trước 쯔억 미리, 전에 ㅣ rượu 즈어우(르어우) 술 ㅣ đi đêm 디 뎀 밤에 돌아다니다 ㅣ khu vực 쿠 븍 구역, 동네 ㅣ sửa 쓰어 수리하다, 고치다 ㅣ nộp 놉 제출하다, 내다 ㅣ thăm 탐 방문하다

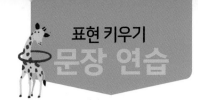

Track07-4

➕ 제시된 표현을 자연스럽게 따라 읽으며 베트남어 문장을 익혀 보세요.

1

Bạn thường đi làm bằng gì?
Tôi thường đi làm bằng xe buýt.

· xe buýt 쌔 부잇 버스

2

Xe buýt không những tiện mà còn giá rẻ nữa.
Máy bay không những nhanh mà còn an toàn nữa.

· máy bay 마이 바이 비행기 ㅣ nhanh 냐잉(난) 빠르다 ㅣ an toàn 안 또안 안전하다

3

Từ đây đến đó mất bao lâu?
Từ đây đến đó mất khoảng 1 tiếng.

· từ ~ đến ~ 뜨 ~ 덴 ~ ~부터 ~까지

💬 다음 문장을 베트남어로 말해 보세요.

· 너는 주로 무엇을 타고 학교에 가니(đi học)?   ⇨ _____

· 기차는 느릴(chậm) 뿐만 아니라 가격이 비싸기까지 하다.   ⇨ _____

· 학교에서 나의 집까지는 약 20분이 걸린다.   ⇨ _____

1 다음 대화를 듣고 남자가 베트남에서 이용한 교통수단을 고르세요.

Track07-5

❶  ❷  ❸

2 다음 글을 읽고 질문에 답하세요.

Track07-6

> Các bạn có biết phương tiện đi lại chủ yếu ở Việt Nam là gì
> không? Đó là xe máy. Phần lớn người Việt Nam đều có xe
> máy. Ở Việt Nam, ai cũng biết chạy xe máy. Vì ở Việt Nam
> các con đường hẹp và nhỏ nên đi xe máy không những
> thuận tiện mà còn nhanh.

❶ Theo Lan, phương tiện đi lại chủ yếu ở Việt Nam là gì?

⇢ _____

❷ Phần lớn người Việt Nam có xe máy không?

⇢ _____

❸ Người Việt Nam có biết chạy xe máy không?

⇢ _____

❹ Ở Việt Nam đi xe máy có thuận tiện không?

⇢ _____

3 제시된 단어를 배열하여 문장을 만드세요.

➊ người   gì   bằng   đi lại   Hàn Quốc   thường

⟶ _____ ?

한국 사람은 주로 무엇을 타고 다니나요?

➋ nên   sớm   bạn   về nhà

⟶ _____ .

너는 일찍 귀가하는 게 좋겠어.

➌ chị   đây   bao lâu   đã   đến   rồi

⟶ _____ ?

누나(언니)는 여기에 온 지 얼마나 되었나요?

4 그림을 보고 대화를 완성하세요.

➊

A Em thường đi học bằng gì?

B _____ .

➋

A Theo em, anh nên đi bằng gì?

B _____ .

단어 phương tiện 프엉 띠엔 수단, 방편 ┃ chủ yếu 쭈 이에우 주요한 ┃ phần lớn 펀 런 대부분 ┃ chạy 짜이 달리다, 몰다 ┃ con đường 꼰 드엉 길, 도로 ┃ hẹp 햅 좁다 ┃ thuận tiện 투언 띠엔 편리하다 ┃ nhanh 냐잉(난) 빠르다

교통수단

Track07-7

xe ô tô / xe hơi
쌔 오 또 / 쌔 허이
자동차

tàu hỏa / xe lửa
따우 호아 / 쌔 르어
기차

xe máy
쌔 마이
오토바이

xe đạp
쌔 답
자전거

xe buýt
쌔 부잇
버스

tàu điện ngầm
따우 디엔 응엄
지하철

máy bay
마이 바이
비행기

tàu thủy
따우 투이
배

đi bộ
디 보
걷기

베트남에서
그랩(Grab) 이용하기

우리만큼 대중교통이 발달하지 않았고 사방을 둘러봐도 온통 오토바이로 가득한 베트남에서 어떤 교통수단을 이용할지는 여행자들에게 가장 큰 걱정거리입니다. 현지인처럼 오토바이를 타고 다니자니 마치 교통 법규가 없는 것처럼 도로를 휘젓고 다니는 다른 오토바이에 겁먹기 쉽고, 매번 택시를 이용하면 교통비 지출이 커지게 되지요. 또 쌔옴(xe ôm)이라는 오토바이 택시를 타고 다니려면 매번 흥정을 해야 하고 쌔옴을 어디서 잡아야 할지 걱정도 되죠. 하지만 그랩(Grab)이 베트남에 보편화되면서 모든 걱정거리가 사라졌습니다. 그랩은 차량 공유 및 배송 서비스를 제공하는 애플리케이션으로 동남아시아의 '우버' 혹은 '카카오택시'라고 이해하면 쉽습니다. 다만 베트남에서는 오토바이와 자동차가 모두 옵션에 있다는 것이 다르지요. 가장 좋은 점은 차량이 배정되면 당시 정해진 요금만 받는다는 것입니다. 또한 그랩 기사의 사진과 이름, 차량 번호판과 차종, 차의 색상, 이제까지 누적된 고객의 평가까지 모든 정보를 얻을 수 있어 믿고 이용할 수 있습니다. 그랩의 메신저로 연락할 수 있어 통화를 하지 않아도 되고 뛰어난 GPS 시스템으로 예약한 차량이 지정된 장소로 오는 경로를 모두 지켜볼 수 있습니다.

BÀI

08

Cho tôi một đĩa
tôm nướng.

새우구이 한 접시 주세요.

학습 목표

회화 음식을 주문하고 계산할 수 있다

문법 동사 cho(1) / 강조 đặc biệt / thêm ~ nữa / 전치사 cho

단어 맛과 조리법

회화 ★ 1

☐☐	dùng	중(이웅)	사용하다, 드시다
☐☐	cho	쪼	[동사] 주다
			[전치사] ~에게, ~를 위해
☐☐	đĩa	디어	[단위] 접시
☐☐	tôm nướng	똠 느엉	[음식] 새우구이
☐☐	bún bò Huế	분 보 후에	[음식] 분보후에
			*후에 지역의 소고기 쌀국수
☐☐	bánh xèo	바잉(반) 쌔오	[음식] 반쌔오 *베트남식 부침개
☐☐	chai	짜이	[단위] 병
☐☐	bia	비어	맥주
☐☐	ly	리	[단위] 컵, 잔
☐☐	sinh tố	씽 또	과일 셰이크, 과일 스무디

회화 ★ 2

☐☐	quán	꾸안	식당
☐☐	đặc biệt	닥 비엣	특히, 특별히
☐☐	gọi	고이	주문하다, 부르다
☐☐	thêm	템	추가하다
☐☐	nữa	느어	[부사] ~도, 더
☐☐	đủ	두	충분하다
☐☐	tính tiền	띵 띠엔	계산하다
☐☐	chờ	쩌	기다리다

Track08-2

회화 ★ 1   주문하기

NPV	Các anh chị dùng gì ạ?
Tài	Cho**❶** tôi một đĩa tôm nướng. Còn bạn?
Su-jin	Mình muốn ăn bún bò Huế và bánh xèo.
NPV	Các anh chị uống gì ạ?
Tài	Cho tôi một chai bia 333.
Su-jin	Còn cho tôi một ly sinh tố xoài nhé.

· người phục vụ(NPV) 응으어이 푹 부 종업원

드시다 **dùng**

일반적으로 높임말은 문장 끝에 ạ를 붙여 만들지만 dùng처럼 높임말이 단어로 표현되는 경우도 있습니다. dùng은 '사용하다', '쓰다'라는 뜻이지만 ăn의 높임말, 즉 '드시다'라는 뜻도 있습니다.

Track08-3

회화 ★ 2 계산하기

Lan   Các món ở quán này ngon quá nhỉ.

Ho-jin   Ừ, ngon thật. Đặc biệt②, phở bò ngon lắm.
Em cần gọi thêm gì nữa③ không?

Lan   Không, em ăn đủ rồi.
Chị ơi, tính tiền cho④ em nhé.

NPV   Vâng, các anh chị chờ một chút ạ.

베트남 속 으로!

베트남 식당에서는 계산은 자리에서!

베트남의 식당에 가보신 분들은 계산하기 위해 종업원을 애타게 불렀던 기억이 있을 텐데요. 프랑스 식당 문화의 영향을 받은 베트남에서는 계산대에서 계산을 하는 것이 아니라 식사를 마친 후에 앉은 자리에서 계산을 해요. 베트남에서 종업원을 부를 때는 일반적인 사회적 호칭(anh, chị, em, cô, chú 등)을 사용하기 때문에, 이 호칭 뒤에 ơi를 붙여서 부르고 계산을 하겠다고 말하면 종업원이 계산서를 가져다주지요. 계산서에 따라 현금이나 카드를 올려 두면 종업원이 가져가고, 거스름돈이 있을 경우 다시 가져다줄 때까지 기다려야 해요. 신속한 우리나라와는 달리 느긋하게 기다려야 하지만 그것 또한 베트남의 식당 문화이기 때문에 그 시간도 즐겨 보세요.

1 동사 cho(1)

cho는 동사로 쓰이면 '주다'라는 뜻입니다. 이때 누구에게 무엇을 주는지가 함께 제시됩니다. *동사 cho(2) ▶ 124쪽

> cho + 사람 + 명사

Cho tôi hoá đơn.   나에게 영수증을 주세요.
Cho anh ấy sách.   그 오빠(형)에게 책을 준다.

식당에서 음식을 주문할 때 주로 동사 cho를 사용하여 말합니다.

> cho + 사람 + 숫자 + 단위 + 음식 이름

Cho tôi một đĩa nem rán.   스프링롤 한 접시 주세요.
Cho chúng tôi hai tô bún bò Huế.   분보후에 두 그릇 주세요.

➕ 주문할 때 사용하는 단위

bát	밥공기 *하노이에서 쌀국수 그릇	chai	병, 플라스틱 통
tô	쌀국수, 분보후에 등 국수 요리 그릇 *냉면 그릇	cốc / ly	컵, 잔
đĩa	접시	lon	캔
suất	(몇) 인분	cái	(몇) 개

một bát cơm   밥 한 그릇   một bát phở   쌀국수 한 그릇 [북부]
một tô phở bò   소고기 쌀국수 한 그릇   một đĩa tôm nướng   새우구이 한 접시
một chai bia   맥주 한 병   một cốc nước cam   오렌지 주스 한 잔
một lon cô ca   콜라 한 캔

☑ 바로바로 체크   우리말 해석을 참고하여 빈칸에 들어갈 수사와 종별사를 쓰세요.

① Cho tôi _____ _____ bún chả.   분짜 1인분 주세요.

② Cho anh _____ _____ cà phê nhé.   커피 두 잔 주세요.

③ Cho chị _____ _____ bánh xèo.   반쌔오 네 개 주세요.

2 강조 đặc biệt

전체에서 세부 사항을 강조할 때 문장 끝에 đặc biệt(특히, 특별히)을 사용합니다.

Tôi rất thích các món ăn Việt Nam, đặc biệt là bún chả.
나는 베트남 음식들을 매우 좋아한다. 특히 분짜(를 좋아한다).

Ở Hà Nội có nhiều hồ đẹp, đặc biệt, hồ Tây rất đẹp.
하노이에는 아름다운 호수가 많이 있는데, 특히 서호가 매우 아름답다.

đặc biệt은 형용사로 쓰이면 '특별하다'라는 뜻입니다.

Anh ấy thật là người đặc biệt.　　그는 정말 특별한 사람이다.

3 thêm ~ nữa

thêm은 '추가하다'라는 의미의 동사이지만 다른 동사 뒤에 쓰이면 '더, 추가로 (동사)하다' 라는 뜻입니다.

học thêm　　추가로 공부하다 → 과외하다
làm thêm　　추가로 일하다 → 아르바이트하다

'~도', '더'라는 뜻의 부사 nữa를 문장 끝에 붙이기도 합니다.

> 주어 + 동사 + thêm + 목적어 + nữa

Tôi muốn gọi thêm một bát phở nữa.　나는 쌀국수 한 그릇을 추가로 더 주문하고 싶어요.
Em có hỏi thêm gì nữa không?　　학생은 추가로 더 질문할 건가요?

☑ 바로바로 체크　　다음 문장을 바르게 고치세요. ───────────

① Em sẽ mua nữa một cái áo thêm.　⇨ _____

② Anh thêm gọi một ly cà phê nữa rồi.　⇨ _____

단어 hoá đơn 호아 던 영수증 ｜ nem rán 넴 잔(란) 스프링롤 ｜ nước cam 느억 깜 오렌지 주스 ｜ cô ca 꼬 까 콜라 ｜ món ăn 몬 안 요리, 음식 ｜ hồ 호 호수 ｜ thật là 텃 라 정말, 매우

4 전치사 cho

cho가 전치사로 쓰이면 '~에게', '~를 위해'라는 뜻입니다. 전치사로 쓰일 때는 cho 앞에 다른 동사가 위치하고 cho 뒤에 명사가 옵니다.

> 주어 + 동사 + 목적어 + cho + 명사

Bạn tôi tặng quà cho tôi.   내 친구는 나에게 선물을 주었다.
Chú tôi làm cho một công ty nước ngoài.   나의 작은아버지는 한 외국 회사를 위해 일한다.

같은 구조이지만 cho 뒤에 형용사가 오는 경우에는 목적을 나타냅니다. '(형용사)하게'로 해석합니다.

> 주어 + 동사 + 목적어 + cho + 형용사

Em đi tắc xi về cho tiện.   너는 편하게 택시 타고 돌아가.
Chị ấy trang điểm cho đẹp.   그 언니(누나)는 예뻐지게(예뻐지도록) 화장을 한다.

☑ 바로바로 체크   다음 중 〈보기〉의 밑줄 친 cho의 쓰임과 같은 문장을 고르세요.

| 보기 | Anh ấy gửi email cho tôi.

① Bạn cùng đi chơi cho vui nhé.

② Cháu đưa tiền cho chú.

③ Cho tôi một ly sinh tố xoài.

단어   **nước ngoài** 느억 응오아이 외국 | **tiện** 띠엔 편리하다 | **trang điểm** 짱 디엠 화장하다, 메이크업하다 | **gửi** 그이 보내다 | **cùng** 꿍 함께 | **đưa** 드어 건네주다, 전달하다

100

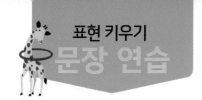

➕ 제시된 표현을 자연스럽게 따라 읽으며 베트남어 문장을 익혀 보세요.

1

Cho tôi một cái bút.

Cho tôi hai quả xoài.

• bút 붓 펜

2

Tôi học thêm một tiếng nữa.

Tôi luyện thêm một tiếng nữa.

• luyện 루이엔 연습하다

3

Bạn ấy gửi thư cho tôi.

Chúng ta đi cùng cho vui nhé.

• gửi 그이 보내다 ┃ thư 트 편지

💬 다음 문장을 베트남어로 말해 보세요.

• 닭고기 쌀국수(phở gà) 한 그릇 주세요. ⇨ _____

• 언니는 한 잔을 추가로 더 마시고 싶어. ⇨ _____

• 그 형은 나에게 돈(tiền)을 보낸다. ⇨ _____

1 다음 대화를 듣고 여자가 주문하지 <u>않은</u> 음식을 고르세요.

Track08-5

①  ②  ③

2 다음 글을 읽고 질문에 답하세요.

Track08-6

> Hôm nay tôi và bạn Tài đi quán Việt Nam để ăn món Việt Nam. Tôi gọi một tô bún bò Huế, một cái bánh xèo và một cốc sinh tố xoài, còn bạn Tài gọi một đĩa tôm nướng và một chai bia 333. Tất cả các món mà chúng tôi gọi đều rất ngon nên chúng tôi rất vui.

① Hôm nay Su-jin và Tài đã đi đâu, để làm gì?

⇢ _____

② Su-jin đã gọi những món nào?

⇢ _____

③ Còn Tài đã gọi những món gì?

⇢ _____

④ Các món ăn mà họ gọi có ngon không?

⇢ _____

3 제시된 단어를 배열하여 문장을 만드세요.

① uống   các   gì   ạ   anh chị

⤳ _____ ?

여러분은 무엇을 마실 건가요?

② cà phê   thêm   tôi   uống   nữa   cốc   một   muốn

⤳ _____ .

나는 커피 한 잔을 추가로 더 마시고 싶다.

③ thích   nghe   tôi   nhạc   đặc biệt là   nhạc trữ tình

⤳ _____ .

나는 음악 듣는 것을 좋아한다. 특히 발라드.

4 그림을 보고 대화를 완성하세요.

①

A Anh dùng gì ạ?
B _____ .

②

A Chị gọi thêm gì nữa không ạ?
B _____ .

단어 quán 꾸안 식당 ǀ vui 부이 즐겁다, 기쁘다

맛과 조리법

MENU

Vị 비 맛

ngon 응온 맛있다

dở 저(여) 맛없다

ngọt 응옷 달다

mặn 만 짜다

chua 쭈어 시다

đắng 당 쓰다

cay 까이 맵다

nhạt 냣 싱겁다

Cách nấu 까익(깍) 너우 조리법

nướng 느엉 굽다

rán / chiên 잔(란) / 찌엔 튀기다, 볶다

hấp 헙 찌다

khô 코 졸이다

quay 꾸아이 통으로 굽다

đun sôi 둔 쏘이 끓이다

luộc 루옥 삶다

xào 싸오 볶다

베트남
문화

베트남의 대표 음식
쌀국수의 역사

베트남 하면 쌀국수, 쌀국수 하면 베트남. 쌀국수는 이미 베트남을 대표하는 브랜드가 되었습니다. 어떻게 베트남에서 쌀국수가 대표 음식이 되었는지 그 기원이 궁금하지 않으신가요? 쌀국수의 기원에 대해서 크게 두 가지 설이 있습니다. 첫 번째, 프랑스 지배 시절에 그 기원이 있다는 설입니다. 베트남에서 국수 요리는 아주 오래된 전통 요리이지만 소를 사역 동물로 기른 베트남 사람들은 소고기를 잘 먹지 않았지요. 하지만 프랑스 지배 시절 프랑스 정착민들이 만들어 먹은 소고기 요리인 '포토푀'가 변형되어 베트남에 전해졌고 산업화가 한창이던 19세기 말 공장 노동자들이 끼니를 때우기 위해 고깃국물에 국수를 말아 먹기 시작한 것이 쌀국수(phở)의 기원이라고 합니다. 두 번째, 하노이에 살던 중국 광둥계 이민자들이 만들어 먹던 '우육분(牛肉粉 소고기 국수)'이 쌀국수의 기원이라는 설입니다. 두 가지 설 중 무엇이 정설인지는 의견이 분분하지만 베트남 사람들은 자신들만의 독특한 향신료와 뼈를 고아서 만드는 국물로 특별한 쌀국수를 만들어 냈고, 북부 지역에서만 유명하던 이 요리가 베트남 남북 분단 시절 남쪽으로 내려간 하노이 사람들에 의해 전국으로 퍼졌고, 베트남 전쟁 후 보트피플이 전 세계로 흩어지면서 쌀국수가 세계화되었습니다.

09

Cháu bị sốt và đau đầu ạ.

저는 열이 나고 머리가 아파요.

학습 목표

회화 증상을 말할 수 있다

문법 à 의문문 / 수동형 / đỡ+형용사&동사 / 추측 chắc (là) / Để+문장

단어 신체 부위

회화★1

☐☐	a lô	알 로	여보세요
☐☐	lúc nãy	룩 나이	아까, 방금 전
☐☐	gọi	고이	전화하다, 부르다, 주문하다
☐☐	điện thoại	디엔 토아이	전화, 전화기
☐☐	thấy	터이	보다, 느끼다, 생각하다
☐☐	bị	비	[수동형] ~에 당하다, ~에 걸리다
☐☐	bị cảm	비 깜	감기에 걸리다
☐☐	xin	씬	신청하다, 요청하다
☐☐	nghỉ làm	응이 람	일을 쉬다
☐☐	nặng	낭	무겁다, 중하다
☐☐	uống thuốc	우옹 투옥	약을 마시다, 약을 먹다
☐☐	đỡ	더	덜 ~하다

회화★2

☐☐	sao	싸오	왜, 어째서
☐☐	sốt	쏫	열이 나다
☐☐	đau đầu	다우 더우	머리가 아프다
☐☐	chắc	짝	[추측] 아마 ~일 것이다 [형용사] 확실한
☐☐	cặp nhiệt độ	깝 니엣 도	체온을 재다
☐☐	cao	까오	높다, 키가 크다

회화 ★ 1 전화하기

Track09-2

Su-jin	A lô, Tài đấy à?❶
Tài	À, lúc nãy bạn đã gọi điện thoại cho mình à?
Su-jin	Ừ, vì hôm nay mình không thấy bạn đi làm.
Tài	Mình bị❷ cảm từ tối qua nên xin nghỉ làm.
Su-jin	Ôi, bạn có bị nặng không?
Tài	Sau khi uống thuốc, mình đỡ❸ hơn rồi.

 쏙쏙 Tip

여보세요 a lô

근대 시대 프랑스의 지배를 받은 베트남은 현재까지도 생활 깊숙이 프랑스의 영향을 받았던 흔적이 남아 있습니다. 그래서 베트남어에도 프랑스어가 그대로 쓰이는 경우가 많지요. 예를 들면 전화를 받을 때 '여보세요'라는 말은 프랑스어의 allô(알로)를 그대로 씁니다. 이외에도 기차나 지하철의 역을 ga(프랑스어의 gare)라고 부르거나 DNA를 프랑스식으로 ADN으로 읽습니다.

Track09-3

회화★2 증상 말하기

Bác sĩ   Chào cháu, cháu bị sao vậy?

Ho-jin   Cháu bị sốt và đau đầu ạ.

Bác sĩ   Chắc❹ bị cảm rồi. Để❺ tôi cặp nhiệt độ.

Cháu sốt cao quá, 38 độ C.

Cháu uống thuốc này trong 3 ngày nhé.

Ho-jin   Dạ, cám ơn bác sĩ ạ.

베트남 속 으로!

베트남에는 개인 진찰실이 있어요!

베트남의 의료 체계는 나날이 발전하고 있지만 아직 우리나라의 의료 체계에 비해 여러 측면에서 낙후되어 있어요. 또 의료진에 대한 대우가 좋지 않다 보니 대도시의 의사들은 병원에서 일하지만 사택에 개인 진찰실을 차리는 경우가 많아요. 그래서 오전, 오후 근무 시간에는 병원에서 일하고 오후 늦게부터 문을 여는 개인 진찰실이 동네마다 있지요. 이런 개인 진찰실을 phòng khám tư라고 해요. 베트남에도 한의원이 있는데 '동쪽 의료'라는 뜻의 đông y 혹은 '고전 의학'이라는 뜻의 y học cổ truyền이라고 해요.

1 à 의문문

à는 문장 끝에 쓰여 의문문을 만드는데, 주로 회화체에 사용됩니다. 1권에서 학습한 「~phải không?」과 같은 뜻입니다. 또한 부정문 뒤에 쓰여 반문 의문문을 만듭니다.

> 문장(긍정문/부정문) + à?

Bạn thích đọc sách à? 너는 독서를 좋아해?
Anh không đi về nhà à? 형(오빠)은 집에 안 가요?

2 수동형

베트남어에서 được 또는 bị를 동사 앞에 쓰면 수동형이 됩니다. 주어에게 긍정적이며 유리한 사항일 때는 được을 쓰고, 주어에게 부정적이며 불리한 사항일 때는 bị를 씁니다.

> 주어 + được / bị + 동사 + 목적어

được khen
칭찬을 받다

bị cảm
감기에 걸리다

được을 쓰는 좋은 수동형의 경우, 동사에 따라 해석이 달라집니다.

~하게 되다 *주고받는 방향성이 없음	받다 *주고받는 방향성이 있음
được nghỉ 쉬게 되다	được tặng 선물을 받다
được gặp 만나게 되다	được quan tâm 관심을 받다

110

Tôi được <u>nghỉ</u>.	나는 쉬게 되었다. [→회사나 학교 등 쉬고 싶어도 쉴 수 없는 상황이었지만 여건이 되어 쉴 수 있게 됨]
Rất vui được <u>gặp</u> anh.	만나게 되어 기쁩니다. [→인연이 되어 만나게 됨]
Mình được <u>tặng</u> quà.	나는 선물을 받았다. [→누군가가 선물을 줌]
Con luôn được <u>quan tâm</u>.	아이는 항상 관심을 받는다. [→부모님이 아이에게 항상 관심을 줌]

bị를 쓰는 나쁜 수동형은 주어가 '병에 걸리다', '다치다', '사고가 나다' 등 객관적으로 부정적인 일을 당한 경우뿐만 아니라 '늦다', '피곤하다' 등 주관적인 불리한 일에도 사용할 수 있습니다.

Tôi bị <u>cảm</u>.	나는 감기에 걸렸다. [→감기라는 질병에 당함]
Tôi bị <u>lạc đường</u>.	나는 길을 잃어버렸다. [→가야 하는 길을 잃어버려 나에게 안 좋은 상황이 닥침]
Tôi bị <u>đau răng</u>.	나는 이가 아프다. [→이가 아파 내가 괴로운 상황이 일어남]

수동형의 행위자가 있는 경우에는 được, bị와 동사 사이에 행위자가 위치합니다.

> 주어 + được/bị + 행위자 + 동사

Tôi được <u>giám đốc</u> khen.	나는 사장님께 칭찬을 받았다.
Em bị <u>mẹ em</u> mắng.	저는 엄마에게 꾸중을 들었어요.

☑ 바로바로 체크 다음 빈칸에 được 혹은 bị를 넣어 문장을 완성하세요.

① Cháu Minh _____ đau bụng nên _____ chú Hải đưa đi bệnh viện.

② Em _____ sốt cao.

③ Nha Trang _____ người Việt yêu thích.

단어 khen 캔 칭찬하다 | lạc đường 락 드엉 길을 잃다 | răng 장(랑) 이, 치아 | mắng 망 잔소리하다, 꾸중하다 | đau bụng 다우 붕 배가 아프다 | đưa 드어+사람+đi 디 (사람)을 데려가다 | bệnh viện 벵 비엔 병원 | yêu thích 이에우 틱 선호하다, 좋아하다

3 đỡ + 형용사/동사

đỡ는 부정적인 의미의 형용사 혹은 동사 앞에 위치하여 그 부정적인 정도가 어느 정도 감소되었음을 나타냅니다. 형용사나 동사를 화자들이 이미 알고 있는 경우에는 생략해도 됩니다.

đỡ nóng   덜 덥다

Tôi đỡ đau rồi.   나는 통증이 덜 해졌다.

「cho+đỡ+형용사/동사(덜 (형용사/동사)하기 위해)」 형태로 많이 쓰입니다.

> 주어 + 동사 + 목적어 + cho đỡ + 형용사/동사

Chị định xem phim cho đỡ <u>buồn</u>.   언니는 덜 슬프게 영화를 보려고.

Chúng ta nghỉ một chút cho đỡ <u>mệt</u> nhé.   우리 덜 피곤하게 조금 쉬자.

✔️ **바로바로 체크**   괄호 안에 제시된 단어를 배열하여 문장을 완성하세요.

① Bạn ăn bánh (đói bụng / cho / đỡ).

⇢ _____

② Tôi đã nghỉ ngơi nên (hơn / đỡ / ốm).

⇢ _____

단어 bánh 바잉(반) 빵 | nghỉ ngơi 응이 응어이 푹 쉬다 | ốm 옴 아프다

4 추측 chắc (là)

chắc (là)는 주어 앞 혹은 뒤에 쓰여 추측 의미인 '~인 것 같다', '~할 것 같다'라는 뜻을 나타냅니다.

> Chắc (là) + 주어 + 동사 + 목적어

> 주어 + chắc (là) + 동사 + 목적어

Chắc (là) anh ấy không đến.   그는 안 올 것 같아요.
Anh trai của bạn chắc (là) đẹp trai.   너의 오빠(형)는 잘생겼을 것 같다.

chắc은 형용사로 쓰이면 '확실한'이라는 뜻입니다.

Có chắc không?   확실한가요?

☑ **바로바로 체크**   다음 〈보기〉를 참고하여 chắc là를 사용한 문장을 쓰세요.

| 보기 | Hôm nay anh Minh không đi làm.
　　　⟶ Chắc là anh ấy bị ốm.
　　　그 형(오빠)은 아픈 것 같아.

① Chị Thu trông có vẻ mệt.

⟶ _____

어젯밤에 그 언니(누나)는 늦게까지 깨어 있었을 거야.

② Em Lan thường nói nhiều nhưng hôm nay nói rất ít.

⟶ _____

그 동생은 오늘 피곤한가 봐.

단어 ✎ **đẹp trai** 뎁 짜이 잘생기다 | **ít** 잇 (수, 양이) 적다

5 Để + 문장

để가 문장 제일 앞에 위치하면 '~하게 하다'라는 사역을 나타냅니다. ＊ để+동사 ▶ 66쪽

$$\boxed{\text{Để + 주어 + 동사 + 목적어}}$$

여기서 주어가 1인칭이면 '내가 ~하게 두세요', '내가 ~해요'라는 뜻으로 영어의 'Let me~'와 비슷합니다. 다른 사람의 허락이나 허가를 구하지 않고 어떤 행동을 취하는 자신의 의지를 표현합니다.

Để tôi tìm.　　　　　제가 좀 찾아볼게요.

Để mình hỏi cô giáo.　　내가 선생님께 여쭤 볼게.

☑ 바로바로 체크　다음 중 〈보기〉의 밑줄 친 để의 쓰임과 같은 문장을 고르세요.

| 보기 |　Vậy, để mình hỏi cô nhé.

① Để học tiếng Anh, tôi đến Mỹ.

② Cô ấy gọi điện thoại để nói chuyện với tôi.

③ Để tôi nghĩ thử xem.

단어 vậy 버이 그러면 | nói chuyện 노이 쭈이엔 이야기하다 | nghĩ 응이 생각하다

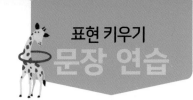

Track09-4

➕ 제시된 표현을 자연스럽게 따라 읽으며 베트남어 문장을 익혀 보세요.

1

Bạn bị làm sao thế?
Tôi bị sốt, đau đầu và ho.

· làm sao 람 싸오 어째서, 어떻게 | ho 호 기침하다

2

Bạn có bị nặng không?
Sau khi uống thuốc, tôi đỡ hơn rồi.

· uống thuốc 우옹 투옥 약을 마시다, 약을 먹다

3

Chắc là chị ấy đã đi rồi.
Để tôi xem.

💬 다음 문장을 베트남어로 말해 보세요.

· 나는 목구멍(họng)이 아파요.   ⇨ _____

· 약을 먹고 난 후에, 나는 통증(đau)이 덜 해졌어요.   ⇨ _____

· 내가 진찰해(khám bệnh) 볼게요.   ⇨ _____

Track09-5

1 다음 대화를 듣고 여자의 증상을 고르세요.

①  ②  ③

Track09-6

2 다음 글을 읽고 질문에 답하세요.

> Hôm nay tôi phải đi bệnh viện vì bị ốm từ tối hôm qua. Tôi đau đầu, sốt, đau họng, sổ mũi, thỉnh thoảng ho. Chắc là tôi bị cảm. Khi khám bệnh, bác sĩ nói là tôi sốt cao lắm và phải uống thuốc trong 3 ngày. Sau khi về nhà, tôi nghỉ ngơi thật nhiều.

❶ Ho-jin bị ốm từ khi nào?

⇢ _____

❷ Ho-jin cảm thấy trong người thế nào?

⇢ _____

❸ Theo bác sĩ, Ho-jin phải làm gì?

⇢ _____

❹ Sau khi về nhà, Ho-jin làm gì?

⇢ _____

3 제시된 단어를 배열하여 문장을 만드세요.

➊ gọi   đã   bạn   điện thoại   mình   cho   à   lúc nãy

⋯➡ _____ ?

아까 네가 나한테 전화했었어?

➋ nghỉ   tôi   xin   hôm nay   làm

⋯➡ _____ .

오늘 나는 일을 쉰다고 신청했다.

➌ bị ốm   không   nên   chắc   anh ấy   đi làm

⋯➡ _____ .

그는 몸이 안 좋아서 출근하지 않았을 거예요.

4 그림을 보고 대화를 완성하세요.

➊

A Chị bị sao thế?

B _____ .

➋

A Bạn cảm thấy trong người thế nào?

B _____ .

단어 họng 홍 목구멍 ︱ sổ mũi 쏘 무이 콧물이 나다 ︱ thỉnh thoảng 틴 토앙 가끔씩 ︱ nghỉ ngơi 응이 응어이
       푹 쉬다 ︱ cảm thấy 깜 터이 느끼다 ︱ trong người 쫑 응으어이 몸 속

신체 부위

Track09-7

tóc 똑 머리카락

mắt 맛 눈

đầu 더우 머리

tai 따이 귀

miệng 미엥 입

mũi 무이 코

tay 따이 손, 팔

vai 바이 어깨

ngực 응윽 가슴

tay 따이 팔, 손

ngón tay
응온 따이 손가락

mông 몽 엉덩이

khuỷu tay
쿠이우 따이 팔꿈치

chân 쩐 다리, 발

đầu gối 더우 고이 무릎

chân 쩐 발, 다리

베트남에서
약국 이용하기

베트남에서 감기, 알레르기, 두통 등 몸이 아플 때 어떻게 해야 할까요? 의료 시스템이 발달하여 어디든 병원이 있는 우리나라와는 달리 베트남 사람들은 몸이 좋지 않을 때 병원에 가기보다는 먼저 약국(hiệu thuốc/nhà thuốc)에 가서 약을 삽니다. 우리나라 사람들이 많이 거주하는 하노이나 호찌민 같은 대도시의 경우에는 한국어로 필수 약품을 적어 놓은 약국이 많아 편리하게 이용할 수 있습니다.

베트남 제약 회사들의 약 생산 수준은 초보적인 단계에 머물러 있어 일반적으로 항생제, 소염제, 진통제 정도만 생산하는 데 그치고, 대부분의 약은 미국, 프랑스, 한국, 일본 등 세계 각국에서 수입합니다. 베트남 사람들은 프랑스산 의약품을 선호합니다. 우리나라의 베트남 의약품 수출은 베트남 의약품 시장에서 약 10%를 차지하는데, 가격도 합리적입니다. 물론 몸이 심하게 아플 때는 가격이 비싸기는 하지만 국제 병원(한국 병원, 미국 병원 등)을 이용하는 편이 좋습니다.

10

Chị đi thẳng đường này.

이 길로 직진하세요.

───── 학습 목표 ─────

회화 길을 묻고 알려 줄 수 있다

문법 동사 cho(2) / 길 찾기 표현 / 거리 묻고 답하기 / 추측 có lẽ

단어 위치와 방향

회화★1

☐☐	làm ơn	람 언	부디, 제발
☐☐	cho	쪼	[동사] 주다, ~하게 해주다
			[전치사] ~에게, ~를 위해
☐☐	gần đây	건 더이	근처
☐☐	nhà hát	냐 핫	극장
☐☐	lớn	런	크다
☐☐	chỉ	찌	[동사] 가리키다 [부사] 단지 ~일 뿐이다
☐☐	đường	드엉	길, 거리
☐☐	thẳng	탕	곧은, 일직선의
☐☐	ngã tư	응아 뜨	사거리
☐☐	rẽ	재(래)	돌다, 턴하다
☐☐	phải	파이	[방향] 오른쪽, 우(右)
☐☐	nằm	남	놓여 있다, 위치하다
☐☐	bên	벤	쪽, 편
☐☐	trái	짜이	[방향] 왼쪽, 좌(左)

회화★2

☐☐	cách	까익(깍)	~에서 떨어져 있다
☐☐	bao xa	바오 싸	얼마나 멀리
☐☐	rõ	조(로)	명확하다, 확실하다
☐☐	có lẽ	꼬 래	[추측] 아마 ~일 것이다
☐☐	cứ	끄	계속
☐☐	bên cạnh	벤 까잉(깐)	옆, 곁
☐☐	công viên	꽁 비엔	공원

Track10-2

회화 ★ 1 길 묻기1

Su-jin Làm ơn cho❶ tôi hỏi một chút.

NĐĐ Dạ, chị hỏi gì ạ?

Su-jin Ở gần đây, có nhà hát Lớn không?
Xin chỉ đường cho tôi.

NĐĐ Chị đi thẳng❷ đường này, đến ngã tư thì
rẽ phải. Nhà hát Lớn nằm ở bên trái.

• người đi đường(NĐĐ) 응으어이 디 드엉 행인, 길 가는 사람

쏙쏙 Tip

접속사 **thì**

절과 절 사이에 thì가 위치하면 '~하면' 혹은 '~할 때'의 뜻으로 조건 혹은 때를 나타냅니다. 앞서
학습한 「nếu A thì B」, 「khi A thì B」 구문에서 각각 nếu와 khi가 생략된 형태입니다.

＊「nếu A thì B」 구문 ▶ 30쪽, 「khi A thì B」 구문 ▶ 52쪽

🔊 Bạn đi nhiều thì có thể học được nhiều.
많이 다니면 많이 배울 수 있다. [nếu가 생략]

Anh đến văn phòng thì gọi điện cho em nhé.
사무실에 도착할 때 저에게 전화해 주세요. [khi가 생략]

• văn phòng 반 퐁 사무실

회화★2 길 묻기2

Ho-jin   Xin hỏi. Siêu thị ABC cách đây bao xa?[3]

NĐĐ   Tôi không rõ. Có lẽ[4] khoảng 500 m.

Anh cứ đi thẳng khoảng 200 m.

Đến ngã tư thứ hai thì rẽ trái.

Siêu thị ABC ở bên cạnh công viên.

Ho-jin   Em cám ơn chị nhiều.

베트남 속 으로!

미로 같은 베트남 대도시의 골목길!

베트남 대도시를 방문하면 넓은 도로와 자동차 전용 노선, 오토바이 전용 노선으로 대로가 나뉘어진 것을 보고 많은 사람들이 놀라지만, 대로 뒤편에 거미줄처럼 빽빽하게 연결된 골목을 보고 더 놀라지요. 골목의 폭이 너무 좁아 자동차가 들어가지 못하고 오토바이 통행만 가능한 경우가 많아요. 이 미로 같은 골목에 잘못 들어가면 길을 잃기 쉬우니 꼭 큰길로 다니세요. 물론 구글맵이 잘 되어 있어 지도로 길을 잘 찾는 분들은 예외예요.

1 동사 cho(2)

cho는 '주다'라는 뜻 외에 '~이/가 ~하게 해주다'라는 뜻을 가지고 있습니다.

＊ 동사 cho(1) ▶ 98쪽

cho + 사람 + 동사

사람 자리에 주로 1인칭이 쓰여 '내가 ~하게 하다', '내가 ~하게 해주다'라는 뜻으로 부탁 또는 요청 구문이 됩니다.

Cho tôi xem.　　　　보여 주세요. [→내가 보게 해주세요.]

Cho tôi nói chuyện với chị Linh.
링(Linh) 언니(누나)와 이야기하게 해주세요. [→전화상에서 바꿔 달라고 요청할 때]

요청이나 부탁을 받는 대상이 주어가 되어 cho 앞에 위치하고, 정중하게 표현하기 위해 앞에 xin 혹은 làm ơn을 씁니다.

Xin bác cho cháu hỏi ạ.　　　　아저씨, 제가 질문하게 해주세요.

xin과 làm ơn은 같은 뜻이지만 xin은 문장 제일 앞에 위치하고, làm ơn은 주어 뒤에 위치하며 xin과 함께 쓸 수 있습니다.

Xin + 주어 + làm ơn + 동사 + 목적어

Xin cô làm ơn tìm quyển sách của em.　　선생님 부디 저의 책을 찾아 주세요.

Anh làm ơn đưa tôi cái túi xách kia.　　저 가방을 저에게 건네주십시오.

☑ **바로바로 체크**　　다음 중 〈보기〉의 밑줄 친 cho의 쓰임과 같은 문장을 고르세요.

> | 보기 |　**Cô làm ơn <u>cho</u> cháu gặp bạn Xuân.**
>
> ① Anh ấy tặng <u>cho</u> em một bó hoa.
>
> ② <u>Cho</u> chúng tôi hai chai nước suối.
>
> ③ Chị <u>cho</u> em biết tên của anh ấy nhé.

2 길 찾기 표현

직진하다	계속 가다	길을 건너다
đi thẳng	đi tiếp	qua đường
삼거리	사거리	오거리
ngã ba	ngã tư	ngã năm
돌다, 턴하다	오른쪽으로 돌다	왼쪽으로 돌다
rẽ / quẹo	rẽ phải	rẽ trái
유턴하다	바로 맞은편	옆쪽
quay lại	ngay đối diện	bên cạnh

3 거리 묻고 답하기

동사 cách은 '간격이 떨어져 있다'라는 뜻으로 두 지점 간의 거리를 말할 때 주로 쓰입니다.

A + cách + B + 거리

Hà Nội cách thành phố Hồ Chí Minh khoảng 1.600 km.
하노이는 호찌민 시에서부터 약 1,600km 떨어져 있다.

Nhà tôi cách đây chỉ khoảng 500 m thôi.   우리 집은 여기서 겨우 500m만 떨어져 있다.

cách이 명사로 쓰이면 '방법', '방식'이라는 뜻입니다.

Chị cho tôi biết cách đi từ đây đến Hà Nội.   여기서 하노이까지 가는 방법을 알려 주세요.
Tôi không biết cách sử dụng.   나는 사용법을 모른다.

bao xa는 거리를 묻는 의문사로 「bao(얼마나)+형용사(xa)」 형태로 이루어졌습니다.

Từ đây đến Nha Trang bao xa?   여기서 냐짱까지는 얼마나 먼가요?
Đà Nẵng cách Huế bao xa?   다낭은 후에에서부터 얼마나 떨어져 있나요?

단어 nói chuyện 노이 쭈이엔 이야기하다 | tìm 띰 찾다 | bó 보 다발 | nước suối 느억 쑤오이 생수 |
sử dụng 쓰 중(이웅) 사용하다

☑ 바로바로 체크 다음 〈보기〉를 참고하여 cách을 사용한 의문문으로 바꾸세요.

| 보기 | Từ đây đến trường ABC bao xa?
⇢ Trường ABC cách đây bao xa?

① Từ đây đến quê bạn bao xa? ⇢ _____

② Từ Seoul đến Busan bao xa? ⇢ _____

4 추측 có lẽ

có lẽ는 '아마도 ~일 것이다'라는 뜻으로 문장 제일 앞에 위치하여 추측을 나타냅니다. 앞서 배운 chắc (là)도 추측을 나타내지만 chắc (là)의 경우는 추측의 근거가 약 60% 정도이고, có lẽ는 30~40% 정도로 비교적 추측의 기반이 약합니다. *chắc là ▶ 113쪽

> Có lẽ + 주어 + 동사 + 목적어

Có lẽ mẹ em đã đi ra ngoài rồi. 아마 저희 어머니는 이미 외출하셨을 거예요.

Có lẽ anh ấy là người Nga. 아마 그 사람은 러시아인일 거예요.

☑ 바로바로 체크 다음 문장을 베트남어로 쓰세요.

① 아마 그들은 내일 귀국할(về nước) 거예요. ⇢ _____

② 아마 병원(bệnh viện)은 근처에 있을 거예요. ⇢ _____

단어) quê 꾸에 고향 | ra ngoài 자(라) 응오아이 외출하다 | Nga 응아 러시아 | về nước 베 느억 귀국하다 | bệnh viện 벵 비엔 병원

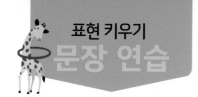

표현 키우기
문장 연습

➕ 제시된 표현을 자연스럽게 따라 읽으며 베트남어 문장을 익혀 보세요.

1

Ở gần đây có chợ truyền thống không?
Bạn đi thẳng đường này.
Bạn đến ngã tư thì rẽ trái.

· chợ truyền thống 쩌 쭈이엔 통 전통 시장

2

Nhà sách cách đây bao xa?
Có lẽ khoảng 1 cây số.

· nhà sách 냐 싸익(싹) 서점 | cây số 꺼이 쏘 킬로미터(km)

3

Bạn cứ đi thẳng khoảng 200 m.
Nhà sách ở ngay đối diện.

· ngay đối diện 응아이 도이 지엔(이엔) 바로 맞은편

💬 다음 문장을 베트남어로 말해 보세요.

· 근처에 약국(nhà thuốc)이 있나요?   ⇨ _____

· 백화점(trung tâm thương mại)은 여기서 얼마나 먼가요?   ⇨ _____

· 면세점(cửa hàng miễn thuế)은 공원 옆에 있어요.   ⇨ _____

Track10-5

1 다음 대화를 듣고 여자가 찾는 곳을 고르세요.

❶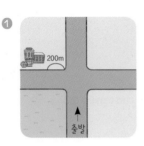

❷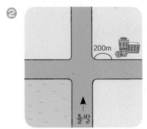

❸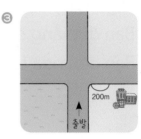

Track10-6

2 다음 글을 읽고 질문에 답하세요.

> Khi rảnh, tôi thường tham quan thành phố. Tôi thường đi bộ để xem phong cảnh. Bất ngờ tôi bị lạc đường nên tôi hỏi một người cách đi đến nhà hát Lớn. Người đó nói là đi thẳng, đến ngã tư thì rẽ phải. Nhà hát Lớn ở bên trái. Nhờ anh ấy, tôi tìm được đường.

❶ Khi rảnh, Su-jin thường làm gì?

⇨ _____

❷ Su-jin thường đi bộ để làm gì?

⇨ _____

❸ Khi bị lạc đường, Su-jin đã làm gì?

⇨ _____

❹ Su-jin có tìm được đường đi đến nhà hát Lớn không?

⇨ _____

3 제시된 단어를 배열하여 문장을 만드세요.

① làm ơn   tôi   chỉ   cho   đường

➜ _____ .

저에게 길을 알려 주세요.

② đây   cách   sân bay   bao xa

➜ _____ ?

여기서 공항은 얼마나 먼가요?

③ công ty Hoa Mai   bưu điện   bên cạnh   có lẽ   ở

➜ _____ .

아마 우체국은 호아 마이(Hoa Mai) 회사 옆에 있을 거예요.

4 그림을 보고 대화를 완성하세요.

①

A _____ ?

B Anh đi thêm khoảng 300 mét nữa.

Chợ ở đối diện của bệnh viện ABC.

②

A Bệnh viện cách đây bao xa?

B _____ .

단어 **đi bộ** 디 보 걷다 | **phong cảnh** 퐁 까잉(깐) 풍경 | **bất ngờ** 벗 응어 갑자기 | **nhờ** 녀 ~덕분에 |
tìm 띰 찾다 | **sân bay** 썬 바이 공항 | **bưu điện** 브우 디엔 우체국 | **mét** 맷 미터(m)

위치와 방향

Track10-7

trên
쩬
위

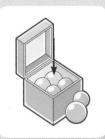

dưới
즈어이(이으어이)
아래

trong
쫑
안

ngoài
응오아이
밖

trước
쯔억
앞

sau
싸우
뒤

giữa
지으어(이으어)
사이, 가운데

cạnh
까잉(깐)
옆

lên
렌
올라가다

xuống
쑤옹
내려가다

vào
바오
들어가다

ra
자(라)
나가다

베트남의 도로명

베트남은 도로명 체계가 잘 잡혀 있습니다. 그래서 건물명과 주요 건물로 길을 찾아가는 것이 익숙한 우리와 달리 베트남 사람들은 도로명과 번지 수에 매우 친숙합니다. 베트남에서는 주소(번지+도로명)만 있으면 길을 찾아가기가 아주 쉬우며 택시나 그랩, 쌔옴 등을 이용할 때도 번지와 도로명을 말해야 찾아갈 수 있습니다.

베트남에는 거리마다 도로명을 나타내는 표지판이 있는데 많은 분들이 표지판을 보고 사람 이름과 비슷하다고 합니다. 네, 맞습니다. 베트남의 주요 도로명은 사람의 이름으로 표시하는데 왕, 장군, 문학가, 시인 등 역사 속 인물들뿐만 아니라 베트남의 독립과 자유를 위해 투쟁하고 목숨을 바친 혁명가, 열사, 정치가 들의 이름도 사용합니다. 또한 역사적 사건과 그 사건의 일자도 도로명으로 사용하는 경우가 있고 번호나 지명도 사용합니다. 또한 인물명으로 도로명을 지을 때 그 인물의 공이 크고 유명하면 유명할수록 넓은 도로에, 비교적 덜 유명하면 좁은 도로에 사용합니다. 베트남 도로를 다니며 그 도로명의 인물이 어떤 삶을 살았는지 탐구하는 것도 베트남에 한 걸음 더 가까이 가는 비결이겠지요.

* 도로를 북부 지역에서는 phố, 남부 지역에서는 đường이라고 씁니다.

11

Phòng tuy nhỏ nhưng đầy đủ tiện nghi.

방은 비록 작지만 시설이 잘 갖추어져 있어요.

──── 학습 목표 ────

회화 집 구하기 및 호텔 이용 표현을 말할 수 있다

문법 tuy A nhưng B / 긍정 강조 chứ / 동사+xong / 부탁 구문

단어 방 안의 사물

Track11-1

회화★1

☐☐	cho thuê	쪼 투에	빌려 주다, 임대하다
☐☐	mời	머이	초대하다, ~해 주세요, ~해 주십시오
☐☐	vào	바오	들어가다, 들어오다
☐☐	tầng	떵	층
☐☐	tuy ~ nhưng ~	뚜이 ~ 니응 ~	비록 ~하지만 ~하다
☐☐	đầy đủ	더이 두	충분하다
☐☐	tiện nghi	띠엔 응이	옵션이 갖추어져 있는, (시설이 갖추어져 있어) 편리한
☐☐	máy lạnh	마이 라잉(란)	에어컨
☐☐	chứ	쯔	[긍정 강조] ~지, ~죠
☐☐	ngoài ra	응오아이 자(라)	[접속사] 그 이외에도, 또한
☐☐	quạt trần	꾸앗 쩐	팬 선풍기, 천장 선풍기

회화★2

☐☐	trả phòng	짜 퐁	체크아웃하다
☐☐	số	쏘	번호, 숫자
☐☐	xong	쏭	끝나다
☐☐	tắc xi	딱 씨	택시
☐☐	nhờ	녀	부탁하다, ~덕분에
☐☐	giúp	쭘(윱)	돕다, 도와주다

회화★1 집 구하기

Track11-2

Su-jin　Nhà này cho thuê phòng, phải không ạ?

Chủ nhà　Vâng. Mời chị vào xem phòng.

　　　　Tôi cho thuê một phòng ở tầng 3.

　　　　Phòng tuy nhỏ nhưng❶ đầy đủ tiện nghi.

Su-jin　Trong phòng có máy lạnh không, anh?

Chủ nhà　Có chứ.❷ Ngoài ra còn có quạt trần nữa.

· chủ nhà 쭈 냐 집주인

mời+2인칭+동사

mời는 동사로 '초대하다'라는 뜻이 있지만 「mời+2인칭+동사」 구문은 매우 정중한 요청을 나타냅니다. 이 구문은 서비스 제공자가 손님이나 고객에게, 사회자가 청중에게 주로 사용합니다.

예 Mời anh xem ở đây.　이곳을 봐주십시오.

Track11-3

회화★2 호텔에서

Ho-jin　　Tôi muốn trả phòng.

NVTT　　Dạ, phòng số bao nhiêu ạ?

Ho-jin　　Phòng số 507. Tôi đã ở 2 đêm.

NVTT　　Dạ, xong③ rồi ạ. Anh có cần gọi tắc xi không?

Ho-jin　　Có, nhờ④ chị gọi tắc xi giúp④ tôi nhé.

• nhân viên tiếp tân(NVTT) 년 비엔 띠엡 떤 호텔 리셉션 직원

베트남 속 으로!

베트남의 집은 폭이 좁고 높다?

베트남의 주택은 프랑스의 영향을 받아 유럽 도심의 집들과 비슷하게 폭이 좁고 위로 높은 직사각형 구조가 많아요. 이는 과거 프랑스 식민지 시절 도로에 접한 길이에 따라 주택세를 내는 비율을 정했기 때문에 도로에 접한 길이를 최소화하기 위해서 생겨났어요. 가장 흔한 형태가 4mX20m의 집으로, 폭은 4~5m, 높이는 15~20m 정도예요. 이러한 집을 nhà ống이라고 불러요. 그리고 베트남의 무더운 기후로 인한 열이 빠져나가게 하기 위해서 베트남 주택의 천장은 우리나라에 비해 높아요.

1 tuy A nhưng B

'비록 A하지만 B하다'라는 뜻으로 A와 B는 반대되는 내용입니다.

Tuy trời mưa to **nhưng** tôi vẫn đi học.
비록 폭우가 오지만 나는 여전히 공부하러 간다.

Khách sạn ABC **tuy** nằm ở trung tâm thành phố **nhưng** giá phòng khá rẻ.
ABC 호텔은 비록 중심가에 위치하지만 방 가격이 꽤 싸다.

> **TIP**
> 주어가 같을 경우 tuy는 주어 앞뒤에 모두 위치할 수 있습니다.

☑ **바로바로 체크** 다음 〈보기〉를 참고하여 「tuy A nhưng B」 구문으로 바꾸세요.

| 보기 | Anh Minh có nhiều tiền. Anh Minh không hạnh phúc.
⇢ Anh Minh **tuy** có nhiều tiền **nhưng** không hạnh phúc.

① Tiếng Việt khó. Tiếng Việt thú vị.

⇢ _____

② Khách sạn này giá rẻ. Khách sạn này phục vụ tốt.

⇢ _____

---

2 긍정 강조 chứ

chứ는 긍정 대답과 함께 쓰여 긍정을 강조합니다.

A Khách sạn này có đầy đủ tiện nghi không?　　이 호텔은 시설이 좋은가요?
B Có chứ.　　　　　　　　　　　　　　　　　그렇고 말고요.

'당연하다', '물론이다'라는 뜻의 dĩ nhiên, tất nhiên과 함께 쓰이기도 합니다.

A Em có thích Việt Nam không?　　너는 베트남을 좋아하니?
B Tất nhiên là thích chứ.　　　　당연히 좋아하죠.

3 동사+xong

xong은 '끝나다', '마치다'라는 뜻으로 서술어로 쓰이지만 다른 동사와 함께 쓰이면 그 동사의 행위가 끝났음을 나타냅니다.

주어 + 동사 + xong

Tôi ăn xong rồi. 나는 다 먹었다.

A Bạn đã làm việc xong chưa? 너는 일을 마쳤니?

B1 Rồi, tôi làm việc xong rồi. 응. 나는 일을 다 마쳤어.

B2 Chưa, tôi chưa làm việc xong. 아니. 나는 아직 일을 다 마치지 못했어.

B3 Chưa, tôi sắp làm việc xong rồi. 아니. 나는 곧 일이 끝나.

☑ 바로바로 체크 다음 질문에 답이 될 수 없는 것을 고르세요.

Chị ăn xong chưa?

① Chưa, chị vẫn đang ăn.

② Rồi, chị ăn xong rồi.

③ Không, chị không thích ăn xong.

---

4 부탁 구문

동사 nhờ는 '부탁하다'라는 뜻으로 문장에서 '누구(씨), 부탁해요'라는 뜻으로도 쓰입니다. 주어와 목적어를 생략하는 우리말과는 달리 베트남어에서는 주어와 목적어를 둘 다 써주는 것이 친근하고 예의 바른 표현입니다.

사람1 + nhờ + 사람2

Em nhờ chị. 언니 부탁드려요.

단어 mưa to 므어 또 폭우가 오다 ǀ vẫn 번 여전히 ǀ khách sạn 카익(칵) 싼 호텔 ǀ trung tâm thành phố 쭝 떰 타잉(탄) 포 시내 중심, 다운타운 ǀ tiền 띠엔 돈 ǀ hạnh phúc 하잉(한) 푹 행복하다 ǀ phục vụ 푹 부 서비스하다

부탁하는 내용은 사람2 뒤에 「동사+목적어」 형태로 위치합니다.

> 사람1 + nhờ + 사람2 + 동사 + 목적어

Em nhờ chị gọi tắc xi.　　　언니, 택시 부르는 것을 부탁드려요.

사람1은 생략할 수 있습니다.

동사 giúp은 '돕다', '도와주다'라는 뜻으로 다른 동사 뒤에 위치하여 '(나를) 도와 (동사)
해 주세요'라는 뜻으로도 쓰입니다. giúp과 같은 뜻의 단어로 giùm, hộ가 있습니다.

> 주어 + 동사 + giúp / giùm / hộ + (1인칭)

Chị gọi tắc xi giúp em.　　　언니, 저를 도와 택시를 불러 주세요.
Bạn rửa rau giùm mình.　　　친구야, 나를 도와 야채를 씻어 줘.

nhờ를 사용한 부탁 구문과 「동사+giúp/giùm/hộ」 구문은 함께 쓸 수 있습니다.

> (사람1) + nhờ + 사람2 + 동사 + 목적어 + giúp / giùm / hộ + (사람1)

Nhờ chị gọi tắc xi giúp em.　　　언니, 저를 도와 택시를 불러 주길 부탁드려요.
Mình nhờ bạn rửa rau giúp.　　　친구야, 나를 도와 야채를 씻어 주길 부탁해.

사람1은 각각 두 번 다 써도 되고, 둘 중 하나를 생략해도 됩니다.

☑ 바로바로 체크　　다음 문장을 해석하세요.

① Nhờ anh thuê xe máy giúp em.　⇒ _____

② Chị nhờ em tắt tivi hộ.　⇒ _____

단어　rửa 즈어(르어) 씻다 ｜ rau 자우(라우) 야채, 채소 ｜ tắt 땃 끄다

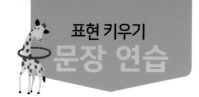

➕ 제시된 표현을 자연스럽게 따라 읽으며 베트남어 문장을 익혀 보세요.

1

Bạn có cần mang hành lý ra xe không?
Có, nhờ anh mang hành lý ra xe giúp tôi.

· mang 망 A ra 자(라) B A를 B로 옮겨 (나)가다 ｜ hành lý 하잉(한) 리 짐 ｜ xe 쌔 차

2

Phòng tuy nhỏ nhưng thoáng mát.
Phòng tuy không rộng nhưng sạch sẽ.

· thoáng mát 토앙 맛 바람이 잘 통하는, 환기가 잘 되는 ｜
rộng 종(롱) 넓다 ｜ sạch sẽ 싸익(싹) 쌔 깨끗하다

3

Bạn học xong chưa?
Rồi. Tôi học xong rồi.
Chưa. Tôi chưa học xong.

💬 다음 문장을 베트남어로 말해 보세요.

· 저를 도와 짐(hành lý)을 방으로 옮겨 주길(mang~lên) 부탁드려요.

⇨ _____

· 방은 비록 작지만 시원해요(mát mẻ). ⇨ _____

· 나는 일을 마쳤어요. ⇨ _____

Track11-5

1 다음 대화를 듣고 방 안에 있는 사물을 <u>모두</u> 고르세요.

❶

❷

❸

Track11-6

2 다음 글을 읽고 질문에 답하세요.

> Sáng nay tôi đã đi xem phòng để chuyển nhà. Tôi đã xem phòng ở tầng 3 của một nhà rất đẹp. Phòng tuy nhỏ nhưng đầy đủ tiện nghi như máy lạnh, quạt trần, tủ áo v.v… Tôi rất thích phòng này vì giá cả cũng hợp lý. Tôi sẽ thuê phòng này và định chuyển nhà vào tuần sau.

❶ Sáng nay, Su-jin đã đi đâu, để làm gì?

⇢ _____

❷ Phòng mà Su-jin đã xem thế nào?

⇢ _____

❸ Trong phòng mà Su-jin đã xem có những gì?

⇢ _____

❹ Vì sao Su-jin rất thích phòng đó?

⇢ _____

3 제시된 단어를 배열하여 문장을 만드세요.

❶ bao nhiêu   số   phòng

⤑ _____ ?

몇 호실인가요?

❷ phải không   cho thuê   phòng   này   nhà

⤑ _____ ?

이 집에 방을 빌려 주는 게 맞나요?

❸ có   không   phòng   tủ áo   trong

⤑ _____ ?

방 안에 옷장이 있나요?

4 그림을 보고 대화를 완성하세요.

❶

A Nhà mới của chị thế nào?

B _____ .

❷

A Chị cần gì ạ?

B _____ .

단어 **chuyển nhà** 쭈이엔 냐 이사하다 | **tủ áo** 뚜 아오 옷장 | **v.v...(vân vân)** 번 번 기타 등등 |
giá cả 쟈(야) 까 가격 | **hợp lý** 헙 리 합리적이다

방 안의 사물

Track11-7

bàn
반
책상

ghế
게
의자

giường
지으엉(이으엉)
침대

đèn ngủ
댄 응우
스탠드

máy lạnh
마이 라잉(란)
에어컨

tủ lạnh
뚜 라잉(란)
냉장고

tủ áo
뚜 아오
옷장

ghế sa-lông
게 싸—롱
소파

cửa
끄어
문

tivi
띠비
TV, 텔레비전

máy tính xách tay
마이 띵 싸익(싹) 따이
노트북

điện thoại di động
디엔 토아이 지(이) 동
핸드폰

베트남에서 집 구하기

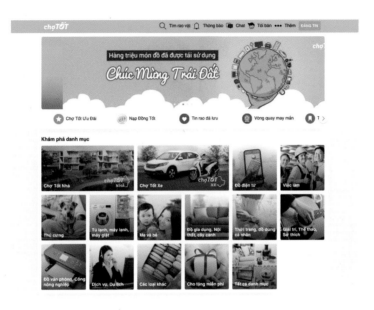

요즘 베트남으로 이주하거나 유학, 여행 등으로 베트남에 거주하는 사람들이 점차 많아지고 있습니다. 하지만 실제 머물 곳을 구하자니 베트남에서 살 곳을 어떻게 구해야 할지 막막하지요. 베트남에도 공인중개사 사무실(즉 부동산)이 있지만 현지인들은 주로 신문이나 인터넷의 광고를 보거나 아니면 동네를 직접 돌아다니며 집주인과 직접 혹은 집주인의 대리인과 상담하고 계약합니다. 우리나라 사람들이 많이 모여 사는 지역에는 한국인이 운영하는 부동산도 있어 편리하지요.

베트남에도 우리나라의 직방과 같은 사이트가 있을까요? 시세, 조건 등 부동산 정보를 알아볼 수 있는 사이트로 chợ tốt(좋은 시장)을 추천합니다. 이 사이트에서 rao vặt 항목으로 가면 부동산, 인력 채용, 중고 물품 거래, 중고차 거래 등의 정보를 얻을 수 있습니다.

rao vặt은 원래 신문의 벼룩시장, 거래 정보 제공 코너로 인터넷이 활성화되기 전에 베트남 사람들이 부동산을 구하거나 인력을 채용하거나 중고 물품 등을 거래할 때 주로 찾아보던 코너입니다. 지금은 인터넷으로 옮겨 가서 매일 활발한 거래가 이루어지고 있지요. 우리나라의 직방, 잡코리아, 중고나라 등의 사이트가 제공하는 서비스가 한데 모인 것이라 할 수 있습니다.

BÀI

12

Ôn tập

복습

학습 목표

 7~11과의 주요 학습 내용을 복습할 수 있다

단어 체크

1★다음 단어의 뜻을 쓰세요.

① phổ biến   ⇨ _____   ② tàu hỏa   ⇨ _____

③ máy bay   ⇨ _____   ④ đĩa   ⇨ _____

⑤ ly   ⇨ _____   ⑥ thêm   ⇨ _____

⑦ nghỉ làm   ⇨ _____   ⑧ uống thuốc   ⇨ _____

⑨ đau đầu   ⇨ _____   ⑩ gần đây   ⇨ _____

⑪ đường   ⇨ _____   ⑫ bao xa   ⇨ _____

⑬ trả phòng   ⇨ _____   ⑭ cho thuê   ⇨ _____

⑮ máy lạnh   ⇨ _____   ⑯ tiện nghi   ⇨ _____

2★다음 뜻에 알맞은 베트남어를 쓰세요.

① 사람들, 모두들

⇨ _____

② [조동사] ~하는 것이 좋다

⇨ _____

③ 사용하다, 드시다

⇨ _____

④ 주문하다, 부르다

⇨ _____

⑤ 열이 나다

⇨ _____

⑥ 감기에 걸리다

⇨ _____

⑦ 사거리

⇨ _____

⑧ ~에서 떨어져 있다

⇨ _____

⑨ 부탁하다, ~덕분에

⇨ _____

⑩ 들어가다, 들어오다

⇨ _____

문법 체크

1 의문사 bao nhiêu, bao lâu, bao xa

「bao(얼마나)+형용사」는 의문사를 만듭니다. 이때 형용사는 nhiều, lâu, xa가 사용됩니다.

수, 양	기간, 시간	거리
bao nhiêu 얼마나 많이	bao lâu 얼마나 오래	bao xa 얼마나 멀리

2 조동사 nên, cần, phải

당위성, 충고	필요성	강제성
nên ~하는 것이 좋다	cần ~할 필요가 있다	phải ~해야 한다

3 cho의 용법

품사	뜻	구조
동사(1)	주다	cho + 사람 + 명사 → (사람)에게 (명사)를 주다
동사(2)	~하게 해주다, ~해 주다	cho + 사람 + 동사 → (사람)에게 (동사)하게 해주다/(동사)해 주다
전치사	~에게, ~를 위해	주어 + 동사 + 목적어 + cho + 명사 → (주어)는 (명사)에게/(명사)를 위해 (목적어)를 (동사)하다
부사	~하게, ~하도록	주어 + 동사 + 목적어 + cho + 형용사 → (주어)는 (형용사)하게 (목적어)를 (동사)하다

4 수동형

단어	위치	차이점
được	동사 앞	주어에게 긍정적이며 유리한 사항일 때
bị	동사 앞	주어에게 부정적이며 불리한 사항일 때

5 để의 용법

용법	구조
목적 ~하기 위해서	주어 + 동사 + 목적어 + để + 동사 + 목적어 목적을 이루기 위한 행동　　　　　　　　목적
사역동사 ~하게 하다	Để + 주어 + 동사 + 목적어 → (주어)가 (목적어)를 (동사)하게 하다

6 주요 접속사 구문

종류	예문
nếu A thì B 만약에 A하면 B하다	Nếu có dịp thì tôi sẽ đi Hà Nội. 만약 기회가 있으면 나는 하노이에 갈 것이다.
vì A nên B A하기 때문에 B하다	Vì bị ốm nên chị Linh được nghỉ làm. 아프기 때문에 링(Linh) 언니(누나)는 일을 쉬게 된다.
không những A mà còn B A뿐만 아니라 B하기까지 하다	Anh Tài không những học tốt mà còn chơi thể thao giỏi. 따이(Tài) 오빠(형)는 공부를 잘할 뿐만 아니라 운동도 잘한다.
tuy A nhưng B 비록 A하지만 B하다	Tuy trời mưa to nhưng tôi vẫn đi học. 비록 폭우가 오지만 나는 여전히 공부하러 간다.
khi A thì B A할 때 B하다	Khi rảnh thì em thường đi bơi. 한가할 때 저는 주로 수영하러 가요.
càng A càng B A하면 할수록 B하다	Càng học càng vui. 공부하면 할수록 즐겁다.
càng ngày càng 날이 가면 갈수록	Trời càng ngày càng lạnh hơn. 날씨가 날이 가면 갈수록 더 춥다.

7 부탁 구문

사람1 + nhờ + 사람2 + 동사 + 목적어

주어 + 동사 + giúp / giùm / hộ + (1인칭)

(사람1) + nhờ + 사람2 + 동사 + 목적어 + giúp / giùm / hộ + (사람1)

Track12-1

1 녹음을 듣고 빈칸을 채우세요.

① Người Hàn Quốc thường _____ bằng gì?

② _____ tôi hai _____ phở bò.

③ _____ bạn bị cảm rồi.

Track12-2

2 녹음을 듣고 질문에 답하세요.

① _____

② _____

③ _____

Track12-3

3 녹음을 듣고 질문에 알맞은 대답을 고르세요.

① Linh sẽ đi Đà Lạt bằng gì?

  A tàu hỏa   B máy bay   C xe buýt

② Người nam bị bệnh gì?

  A bị cảm   B bị đau bụng   C bị đau mắt

③ Để đến ngân hàng, người nữ phải đi thêm bao nhiêu mét nữa?

  A 300 m   B 400 m   C 500 m

④ Người nam đang làm gì?

  A cho thuê phòng   B xem nhà   C bán nhà

단어 **người nam** 응으어이 남 남자 | **bệnh** 벵 병 | **người nữ** 응으어이 느 여자 | **mét** 맷 미터(m) |
bán nhà 반 냐 집을 팔다

148

1 다음 빈칸에 들어갈 알맞은 단어를 고르세요.

① Người Việt Nam ăn cơm _____ đũa.

    A vào   B bằng   C ở

② Anh _____ cho em gặp chị Linh.

    A làm ơn   B cám ơn   C biết ơn

③ Cho tôi một _____ tôm nướng và một _____ kem.

    A chai / lon   B đĩa / cốc   C cốc / đĩa

④ Em mang hành lý ra xe _____ chị nhé.

    A giúp   B nhờ   C cần

2 다음 중 맞는 문장에는 O, 틀린 문장에는 X를 표시한 후, 틀린 문장은 바르게 고치세요.

① Làm ơn anh cho tôi hỏi một chút.   ☐

⤑ _____

② Tuy không giàu nhưng gia đình tôi sống rất hạnh phúc.   ☐

⤑ _____

③ Cháu Linh bị thầy giáo khen.   ☐

⤑ _____

④ Công ty ABC cách đây bao xa?   ☐

⤑ _____

단어 kem 껨 아이스크림 | giàu 쟈우(야우) 부유하다 | khen 캔 칭찬하다

Track12-4

1 다음 글을 읽고 질문에 답하세요.

용준이의 일기

Tôi đang làm việc cho một công ty Việt Nam ở thành phố Hồ Chí Minh. Công ty tôi cách nhà tôi khoảng 2 km. Tôi thường đi làm bằng xe máy. Hôm nay tôi bị sốt và đau đầu nên xin nghỉ việc để đi khám bệnh. Bác sĩ nói là chắc tôi bị cảm rồi. Sau khi về nhà, tôi uống thuốc rồi nghỉ ngơi thật nhiều nên tôi thấy đỡ hơn. Buổi tối tôi đã đi ăn tối ở một nhà hàng Việt Nam gần nhà. Ở đó, có nhiều món Việt Nam ngon như phở bò, bún bò Huế, cháo v.v… Vì tôi thấy không khỏe nên ăn cháo hải sản cho khỏe.

❶ Yong-jun đang làm việc cho công ty nào?

⇨ _____

❷ Công ty Yong-jun cách nhà anh ấy bao xa?

⇨ _____

❸ Yong-jun thường đi làm bằng phương tiện gì?

⇨ _____

❹ Hôm nay Yong-jun cảm thấy trong người thế nào?

⇨ _____

❺ Vì sao Yong-jun thấy đỡ ốm hơn?

⇨ _____

❻ Yong-jun gọi món gì ở nhà hàng Việt Nam?

⇨ _____

 단어 nghỉ ngơi 응이 응어이 쉬다 | **thật** 텃 정말로, 진짜로 | **cháo** 짜오 죽 | **hải sản** 하이 싼 해산물

1 다음 대답에 맞는 질문을 쓰세요.

❶ A _____ ?   오빠(형)는 보통 무엇을 타고 다니나요?

B Anh thường đi lại bằng xe buýt.   오빠(형)는 주로 버스를 타고 다녀.

❷ A _____ ?   (여성에게) 뭘 더 추가로 시키실 건가요?

B Cho chúng tôi thêm một đĩa tôm nướng.   우리에게 새우구이 한 접시 더 주세요.

❸ A _____ ?   너(동생)는 약 먹었니?

B Rồi, tôi đã uống hai viên thuốc cảm rồi.   네, 저는 감기약 두 알을 먹었어요.

❹ A _____ ?   은행은 여기서 얼마나 먼가요?

B Ngân hàng cách đây khoảng 2 km.   은행은 여기서 약 2km 떨어져 있어요.

❺ A _____ ?   (여성에게) 택시를 부를 필요가 있나요?

B Vâng, nhờ anh gọi tắc xi giùm em nhé.   네, 저를 도와 택시를 불러 주세요.

2 빈칸에 알맞은 단어를 넣어 대화를 완성하세요.

A Làm ơn _____ tôi hỏi một chút.

B Dạ, chị hỏi gì?

A Chợ Bến Thành _____ đây có xa không?

B Không xa lắm. Anh đi thẳng đường này, đến ngã tư thì _____ phải.

Chợ Bến Thành ở _____ trái.

A Cám ơn nhiều.

 viên 비엔 알, 환 | thuốc cảm 투옥 깜 감기약

부록

정답 및 해석

BÀI 01 Bạn ấy nói được tiếng Việt không?

그 친구는 베트남어를 말할 수 있니?

참 쉬운 회화
14쪽

회화 1

따이 이 사람은 누구야?

수진 이 사람은 지민이야. 나의 친한 친구지.

따이 그 친구는 베트남어를 말할 수 있어?

수진 할 수 있어. 그 친구는 베트남어를 3년 공부했어.

회화 2

란 이번 주 일요일에 오빠는 한가해요?

호진 응, 무슨 일 있어?

란 저는 학생회 행사에서 노래해요. 오빠는 보러 올 수 있나요?

호진 당연하지.

실력 다지기 문법
16쪽

1 ③

2 ❶ tôi ăn được rau thơm 또는 tôi ăn rau thơm được

❷ anh không đọc được tiếng Việt 또는 anh không đọc tiếng Việt được

4 ❶ Chị có thể đi du lịch ở Việt Nam không?

= Chị đi du lịch ở Việt Nam được không?

= Chị có thể đi du lịch ở Việt Nam được không?

❷ Tôi không thể lái xe.

= Tôi không lái xe được.

= Tôi không thể lái xe được.

표현 키우기 문장 연습
19쪽

❶ 당신은 베이킹을 할 수 있습니까?

네. 나는 베이킹을 할 수 있습니다.

아니요. 나는 베이킹을 할 수 없습니다.

❷ 당신은 태블릿 PC가 있습니까?

네. 나는 태블릿 PC가 있습니다.

아니요. 나는 태블릿 PC가 없습니다.

❸ 당신은 이해할 수 있습니까?

네. 나는 이해할 수 있습니다.

아니요. 나는 이해할 수 없습니다.

💬 다음 문장을 베트남어로 말해 보세요.

• Bạn nấu ăn được không?

= Bạn có thể nấu ăn không?

= Bạn có thể nấu ăn được không?

• Tôi không có xe máy.

• Tôi không thể tham gia.

= Tôi không tham gia được.

= Tôi không thể tham gia được.

실력 쌓기 연습문제
20쪽

1 ②

듣기 대본

A Bạn có thể lái xe được không?

B Có, mình có thể lái xe. Nhưng mình không có xe ô tô.

A Thế, bạn có xe máy không?

B Dĩ nhiên. Mình là người Việt Nam mà.

A 너는 운전할 수 있니?

B 응, 나는 운전할 수 있어. 그런데 자동차는 없어.

A 그러면 너는 오토바이는 있니?

B 당연하지. 나는 베트남 사람이잖아.

• xe ô tô 쌔 오 또 자동차

② 나는 베트남어를 1년 배워서 베트남어를 조금 말할 수 있습니다. 1년 전에 나는 베트남 친구가 없었지만 지금은 베트남에 매우 많은 친구가 있습니다. 어제 내 친구들이 쌀국수 만드는 방법을 가르쳐 줘서 나는 쌀국수를 요리할 수 있습니다.

❶ Su-jin có thể nói một chút tiếng Việt.

❷ Su-jin có rất nhiều bạn người Việt Nam.

❸ Hôm qua các bạn của Su-jin dạy cô ấy nấu phở.

❹ Su-jin nấu phở Việt Nam được.

③ ❶ Tôi có thể giúp gì cho bạn?

❷ Chiều nay chị có thời gian không?

❸ Tôi không hiểu câu này được. 또는
Tôi không hiểu được câu này.

④ [참고 답안]

❶ Được, em đọc được tiếng Việt. 또는
Được, em đọc tiếng Việt được.

❷ Không, anh không có đồng hồ.

 # BÀI 02 Quả này bao nhiêu tiền vậy cô?

이 과일은 얼마인가요?

참 쉬운 회화 26쪽

회화 ① 1

수진 이 지갑은 정말 예쁘네요.

판매원 이것은 핸드 메이드예요.

수진 그래요? 그러면 이것은 가격이 얼마인가요?

판매원 한 개에 10만 동이에요.

수진 너무 비싸요. 조금 깎아 줄 수 있나요?

판매원 안 돼요. 우리는 정가로 팔아요.

회화 ② 2

호진 이 과일은 베트남어로 뭐라고 부르나요?

상인 베트남어로는 'xoài(망고)'라고 해.
애야, 사렴. 망고가 아주 맛있어.

호진 이 과일은 얼마인가요, 아주머니?

상인 1kg에 4만 동이란다.
만약 2kg을 사면 깎아 줄게.

실력 다지기 문법 28쪽

1 ❶ con   ❷ quả 또는 trái

❸ quyển 또는 cuốn

3 ②

5 ❶ Nếu bạn gặp khó khăn thì mình sẽ giúp bạn.

❷ Nếu (em) khó hiểu thì em hỏi cô nhé.

❶ 이것은 무엇인가요?

이것은 책상입니다.

❷ 이 가방은 하나에 얼마인가요?

하나에 25만 동입니다.

❸ 만약에 네(동생)가 많이 산다면 내(연상 남자)

가 깎아 줄게.

만약에 네(친구)가 한가하다면 우리 쇼핑하러

가자.

💬 다음 문장을 베트남어로 말해 보세요.

- Quả này là quả gì?

- Cái áo sơ mi này bao nhiêu một cái?

- Nếu có nhiều tiền thì tôi sẽ đi du lịch.

1 ②

> **듣기 대본**
>
> A Em ơi, áo sơ mi này giá bao nhiêu?
>
> B Dạ, năm trăm nghìn đồng anh ạ.
>
> A Đắt quá nhỉ, em bớt một chút được
>
> không?
>
> B Dạ, em bớt ba mươi nghìn đồng nhé.
>
>   • áo sơ mi 아오 써 미 셔츠
>
> ─────────────────────
>
> A 저기요, 이 셔츠는 얼마죠?
>
> B 네, 50만 동입니다.
>
> A 너무 비싸네요. 조금 깎아 줄 수 있나요?
>
> B 네, 제가 3만 동 깎아 드릴게요.

2

> 나는 새 가방을 사러 갔습니다. 한 가게
> 에 예쁜 핸드 메이드 가방이 있어서 판매
> 원에게 가격이 얼마인지 물어보았습니다.
> 그는 "1개에 60만 동이에요"라고 말했습
> 니다. 내가 보기에 그 가격은 너무 비싸
> 서, 나는 "부디 깎아 주세요"라고 말했습
> 니다. 하지만 그 가게는 정찰제로 팔아서
> 나는 살 수 없었습니다.

❶ Lan đi mua túi xách mới. Ở một cửa hàng.

❷ Túi xách Lan muốn mua giá 600.000 đồng

một cái.

❸ Theo Lan giá túi xách đó đắt.

❹ Vì cửa hàng đó bán đúng giá (người bán

hàng không bớt cho) nên Lan không

mua được túi xách đó.

3 **❶** Cái này tiếng Việt gọi là gì?

❷ Cam này hai mươi ngàn đồng một cân.

❸ Nếu giá đắt thì tôi không mua đâu.

4 [참고 답안]

❶ Không được. Cô bán đúng giá mà.

❷ Áo dài này giá bao nhiêu?

BAI 03 Mình nghe nói là sắp có bão.

듣자 하니 곧 태풍이 온대.

참 쉬운 회화 38쪽

회화 1

따이	오늘 날씨는 어때?
수진	오늘 날씨는 햇살이 아름다워.
	하지만 이번 주말에 비가 온대.
따이	응, 내가 듣기로는 곧 태풍이 온다던대.
수진	9월에 태풍이라니, 날씨가 정말 이상하다!

회화 2

호진	너는 어떤 계절을 제일 좋아하니?
란	저는 가을을 제일 좋아해요.
	가을에는 날씨가 시원하고 상쾌해요.
호진	나는 겨울을 더 좋아해.
	왜냐하면 겨울에 스키를 탈 수 있잖아.

실력 다지기 문법 40쪽

1 ❶ nắng ❷ (có) mưa
❸ có tuyết

3 ❶ nhất ❷ hơn ❸ bằng

표현 키우기 문장 연습 43쪽

❶ 오늘 날씨는 어때요?
오늘 날씨는 추워요.
비가 오고 강풍이 불어요.

❷ 당신은 어떤 계절을 제일 좋아하나요?
나는 여름을 제일 좋아해요.

❸ 이것은 저것만큼 큽니다.
밍(Minh) 형(오빠)은 코끼리만큼 건강합니다.
코끼리는 고양이보다 큽니다.
베트남어는 외국어들 중에서 제일 어렵습니다.

💬 다음 문장을 베트남어로 말해 보세요.

- Hôm nay trời nóng.
- Tôi thích mùa xuân nhất.
- Tiếng Hàn dễ nhất.

실력 쌓기 연습문제 44쪽

1 ①

> **듣기 대본**
>
> A Linh à, thời tiết ở Đà Nẵng thế nào?
> B Hôm qua trời mưa to nhưng hôm nay trời nắng đẹp.
> A Thế, ngày mai có mưa không em?
> B Em nghe nói là ngày mai có bão.
>
> ---
>
> A 링(Linh), 다낭의 날씨는 어때?
> B 어제 비가 많이 왔지만 오늘은 햇살이 아름다워요.
> A 그러면 내일은 비가 오니?
> B 제가 듣기로는 내일은 태풍이 온대요.

2 오늘 날씨가 매우 좋아서 나는 공원에 놀러 가려고 했었습니다. 하지만 오후가 되자 갑자기 폭우가 내렸습니다. 지금 호찌민 시는 건기입니다. 내가 내 친구에게 듣기를 그것은 이상한 날씨(이상 기후)라고 합니다. 건기에는 주로 비가 오지 않습니다.

① Hương định đi chơi ở công viên.

② Chiều hôm nay, trời ở thành phố Hồ Chí Minh bỗng trời mưa to.

③ Bây giờ ở thành phố Hồ Chí Minh là mùa khô.

④ Vào mùa khô, trời thường không mưa.

3 ① Vào mùa thu, trời mát và dễ chịu.

② Nghe nói, thời tiết ở Hà Nội thật lạ thường.

③ Cái này đắt hơn túi xách kia.

4 [참고 답안]

① Hôm nay trời có gió mạnh.

② Quyển này dày hơn quyển kia.

BÀI 04 Khi rỗi, bạn thường làm gì?
한가할 때 너는 주로 무엇을 하니?

참 쉬운 **회화**   50쪽

회화 ★1

수진   한가할 때 너는 주로 무엇을 하니?

따이   나는 주로 음악을 들어.

수진   그러면 너는 어떤 장르의 음악을 좋아하니?

따이   나는 발라드를 좋아해.

     너는, 너의 취미는 뭐니?

수진   솔직히 나는 TV 보는 것만 좋아해.

회화 2

호진   너 피곤해 보인다. 무슨 일이야?

란   아, 저는 잠이 너무 부족해요.

호진   너는 자주 늦게까지 안 자고 깨어 있니?

란   네, 저는 주로 매우 늦게 잠자리에 들어요.

호진   그렇게 하지 마.

     그건 건강에 좋지 않은 습관이야.

실력 다지기 **문법**   52쪽

1 ① Khi xem phim, tôi thường ăn bỏng ngô.

② Trước khi ăn cơm, các bạn rửa tay nhé.

2 ① Chúng tôi chỉ có 2 người thôi.

② Chị ấy chỉ uống sữa thôi.

3 ① 잘하다   ② 또는, 혹은

③ 자주, 주로, 보통

4 ① ③

표현 키우기 **문장 연습**   55쪽

❶ 당신의 취미는 무엇인가요?

나의 취미는 사진 찍기입니다.

한가할 때 당신은 주로 무엇을 하나요?

나는 주로 야구를 합니다.

❷ 당신은 자주 늦게 일어납니까?

나는 거의 늦게 일어나지 않습니다.

❸ 술 마시지 마세요.

슬퍼하지 마세요.

💬 다음 문장을 베트남어로 말해 보세요.

• Sở thích của tôi là đi du lịch nước ngoài.

• Tôi ít khi uống cà phê.

• Anh đừng đến muộn nhé.

실력 쌓기 **연습문제**   56쪽

1 ②

> **듣기 대본**
>
> A Chào Thu, bạn đi đâu đấy?
>
> B Mình đang đi bơi. Sở thích của mình là bơi.
>
> A Ồ vậy hả? Mình nghe nói bơi tốt cho sức khỏe. Mình thì thích đọc sách.
>
> B Thế à? Thú thật, mình ít khi đọc sách lắm.
>
> • hả 하 그렇습니까?[문장 끝에 쓰여 의문문을 만듦] | sức khỏe 쓱 코애 건강
>
> A 안녕 투(Thu), 너는 어디 가는 거니?
>
> B 나는 수영하러 가고 있어. 내 취미가 수영이야.
>
> A 아, 그래? 듣자 하니 수영이 건강에 좋다 던데. 나는 책 읽는 거 좋아해.
>
> B 그래? 솔직히 말하면 나는 거의 책을 안 읽어.

2

> 한가할 때 나는 보통 축구를 합니다. 어렸을 때부터 나는 축구하는 것을 매우 좋아했습니다. 우리 회사에는 축구 동호회가 있어서 매주 한 번씩 나는 동료들과 축구를 할 수 있습니다. 축구를 한 후 우리는 주로 치킨을 먹고 맥주를 마시러 갑니다.

❶ Tài thường chơi bóng đá.

❷ Có, Tài chơi bóng đá mỗi tuần một lần.

❸ Tài thường chơi bóng đá với các đồng nghiệp.

❹ Sau khi chơi bóng đá, Tài và các đồng nghiệp thường ăn gà rán và uống bia.

3 ❶ Tôi không bao giờ thức khuya.

❷ Anh đừng nói khoác nhé.

❸ Trông chị có vẻ rất mệt. 또는

Chị trông có vẻ rất mệt.

4 [참고 답안]

❶ Sở thích của tôi là chơi bóng chày.

❷ Khi rảnh, tôi thường chụp ảnh.

Bạn đã đến Huế bao giờ chưa?

너는 후에에 가본 적 있어?

참 쉬운 **회화** 62쪽

회화·1

수진 이번 여름휴가에 나는 후에에 갈 예정이야.

따이 너무 좋네. 후에는 베트남의 옛 수도야.
그곳에는 유명한 명승고적지가 많이 있지.

수진 너는 후에에 가본 적 있어?

따이 여러 번.
후에는 내가 제일 좋아하는 도시야.

회화·2

란 이번 여름 방학 기간에 오빠는 무슨 계획이 있나요?

호진 온 가족이 후에에 여행을 가.

란 오빠 가족은 무엇을 하기 위해 후에에 가나요?

호진 베트남 역사에 대해 알아보기 위해서.
우리 집에서는 누구나 다 베트남에 관심이 있어.

실력 다지기 **문법** 64쪽

1 [참고 답안]

❶ Rồi, tôi đã đi xích lô nhiều lần rồi. 또는
Chưa, tôi chưa đi xích lô bao giờ.

❷ Rồi, tôi đã gặp người Việt Nam 2 lần rồi.
또는 Chưa, tôi chưa gặp người Việt Nam bao giờ.

2 ❶ phim mà tôi đã xem
❷ món ăn mà tôi thích

3 ❶ tất cả ❷ cả

4 ❶ B ❷ A

5 ❶ Ai cũng học chăm chỉ.
❷ Ai cũng muốn sống hạnh phúc.

표현 키우기 **문장 연습** 69쪽

❶ 당신은 옛 거리를 관광해 본 적이 있나요?
네, 나는 여러 번 옛 거리를 관광했습니다.
아니요, 나는 한번도 옛 거리를 관광해 본 적이 없습니다.

❷ 당신은 무엇을 하기 위해서 베트남어를 공부합니까?
나는 베트남 문화에 대해 이해하기 위해서 베트남어를 공부합니다.

❸ 누구나 다 베트남 문화에 관심이 있습니다.
베트남을 좋아하지 않는 사람은 아무도 없습니다.(누구나 다 베트남을 좋아합니다.)

💬 다음 문장을 베트남어로 말해 보세요.

• Bạn đã mặc áo dài Việt Nam bao giờ chưa?

• Tôi đã đến Việt Nam để du lịch.

• Ai cũng thích Việt Nam.

실력 쌓기 연습문제   70쪽

1 ③

> ┌─ 듣기 대본 ─────────────────
>
> A Anh Min-soo, anh đã ăn phở ở Việt Nam bao giờ chưa?
>
> B Rồi. Anh ăn phở ở Việt Nam nhiều lần rồi.
>
> A Ồ vậy hả, thế anh đã đến chợ Việt Nam bao giờ chưa?
>
> B Chưa, anh đã đi mua sắm ở siêu thị Việt Nam 2 lần rồi nhưng chưa bao giờ đến chợ Việt Nam.
>
>   • chợ ˢˢᵉᵒ 시장 |
> siêu thị 씨에우 티 슈퍼마켓, 마트
>
> ────────────────────────
>
> A 민수 오빠, 오빠는 베트남에서 쌀국수를 먹어 봤어요?
>
> B 응. 나는 베트남에서 쌀국수를 여러 번 먹어 봤지.
>
> A 아하, 그래요? 그러면 베트남 시장에 가본 적 있어요?
>
> B 아니, 나는 베트남 마트에서 두 번 쇼핑해 봤는데, 베트남 시장에는 가본 적 없어.

2

> 이번 여름 방학 기간에 우리 온 가족이 후에에 갈 예정입니다. 내가 듣기로는 후에는 매우 아름답고 고풍스러운 도시라고 합니다. 후에는 베트남의 옛 수도(고도)여서 우리는 그곳에서 베트남의 역사와 전통 문화에 대해 알아볼 수 있습니다. 누구나 다 분보후에를 먹어 보고 싶어 하는데, 그것은 후에의 명물 요리입니다.

❶ Kỳ nghỉ hè này, cả gia đình Ho-jin định đi Huế.

❷ Theo Ho-jin, Huế là một thành phố rất đẹp, cổ kính và là cố đô của Việt Nam.

❸ Ở Huế, gia đình của Ho-jin có thể tìm hiểu về lịch sử và văn hoá truyền thống Việt Nam.

❹ Món đặc sản của Huế là món bún bò Huế.

3 ❶ Ở đó có nhiều thắng cảnh đẹp.

❷ Đây là ảnh mà tôi chụp ở Việt Nam.

❸ Ai cũng nói phở rất ngon.

4 [참고 답안]

❶ Rồi, tôi đã đi du lịch ở Việt Nam rồi.

❷ Em học tiếng Việt để làm việc ở Việt Nam.

Ôn tập
복습

단어 체크 75쪽

1
① 친한 친구 ② 이벤트, 행사
③ 당연하다 ④ 일, 사정, 사건
⑤ 깎다, 줄이다 ⑥ 돈
⑦ 날씨 ⑧ 듣자 하니
⑨ 시원하다 ⑩ 장르
⑪ 취미 ⑫ 습관
⑬ 번, 횟수 ⑭ 역사
⑮ 여름 방학, 여름휴가 ⑯ 예정, ~할 예정이다

2
① ai ② hát ③ đắt ④ mua
⑤ bão ⑥ trượt tuyết
⑦ thú thật ⑧ sức khỏe
⑨ nổi tiếng ⑩ tìm hiểu

듣기 연습 78쪽

1
① chuyện ② đúng giá
③ mưa

> 듣기 대본
>
> ① Bạn có chuyện gì vậy?
> ② Cửa hàng này bán đúng giá.
> ③ Ngày mai trời có mưa không?

2 [참고 답안]
① Có, tôi có thể lái xe. 또는
 Không, tôi không thể lái xe.
② Hôm nay trời nắng đẹp.
③ Sở thích của tôi là xem phim.

> 듣기 대본
>
> ① Bạn có thể lái xe không?
> ② Thời tiết hôm nay thế nào?
> ③ Sở thích của bạn là gì?

3 ① B ② A ③ C ④ B

> 듣기 대본
>
> ① A Khi rảnh, bạn thường làm gì, Minh?
> B Mình thường tập thể dục. Còn bạn có hay tập thể dục không?
> A Thú thật mình ít khi tập thể dục lắm. Mình chỉ thích xem tivi thôi.
>
> ---
>
> A 한가할 때 너는 주로 무엇을 하니, 밍(Minh)?
> B 나는 주로 운동을 해. 너는 자주 운동을 하니?
> A 솔직히 말하면 나는 거의 운동을 하지 않아. 나는 TV 보는 것만 좋아해.
>
> ② A Em thích mùa nào, em Linh?
> B Em hả anh? Em thích mùa xuân nhất vì có nhiều hoa và trời nắng đẹp.
> A Anh cũng vậy. Anh không thích mùa hè.
>
> ---
>
> A 너는 어떤 계절을 제일 좋아하니, 링(Linh)?
> B 저요? 저는 봄이 제일 좋아요. 왜냐하면 꽃이 많이 있고 날씨가 햇살이 아름다워서요.
> A 나도 그래. 나는 여름을 좋아하지 않아.

③ A Chị Thu ơi, chị đã đến thành phố
　　 Gyeongju bao giờ chưa?

　 B Rồi, chị đã đến 2 lần rồi. Thành phố
　　 Gyeongju là thành phố mà chị thích
　　 nhất ở Hàn Quốc đấy.

　 A Vậy hả? Em cũng thích thành phố
　　 đó vì ở đó có nhiều thắng cảnh.

　 A 투(Thu) 누나, 누나는 경주에 가본
　　 적 있어요?

　 B 응, 나는 두 번 가봤어. 경주는 내가
　　 한국에서 제일 좋아하는 도시야.

　 A 그래요? 저도 그 도시가 좋아요. 왜
　　 냐하면 그곳에 많은 명승고적지가 있
　　 기 때문이죠.

④ A Quả cam này bao nhiêu vậy anh?

　 B Nếu mua 2 cân thì 80,000 đồng,
　　 mua 1 cân thì 50,000 đồng.

　 A Thế cho em 2 cân đi nhé.

　 A 이 오렌지는 얼마인가요?

　 B 만약 2kg을 사시면 8만 동이고, 1kg
　　 을 사시면 5만 동이에요.

　 A 그러면 2kg 주세요.

문법 연습　　　　　　　　　　79쪽

1 ❶ B　　❷ C　　❸ A　　❹ B

2 ❶ O

　 ❷ X → Nếu có nhiều tiền thì chị sẽ đi du lịch
　　　　 ở châu Âu.

　 ❸ X → Ông Nam nuôi hai con mèo.

　 ❹ X → Ai cũng muốn tìm hiểu về văn hoá
　　　　 Việt Nam.

말하기 연습　　　　　　　　　　80쪽

1

미나는 베트남어를 10개월 공부해서 그녀
는 베트남어를 말할 수 있습니다. 미나는
모두와 교류하는 것을 좋아해서 많은 베트
남 친구가 있습니다. 주말에 미나는 주로
벤탄 시장에 쇼핑하러 갑니다. 오늘 미나
는 셔츠 한 장, 구두 한 켤레, 사과 두 개를
벤탄 시장에서 샀습니다. 다음 주에 미나
는 베트남 역사에 대해 공부하기 위해 후
에에 여행을 갈 것입니다.

❶ Mina có thể nói tiếng Việt được.

❷ Mina có nhiều bạn người Việt.

❸ Mina thường đi chợ Bến Thành để mua
　 sắm.

❹ Hôm nay Mina đã mua một cái áo sơ mi,
　 một đôi giày, hai quả táo ở chợ Bến Thành.

❺ Mina sẽ đi du lịch ở Huế để học về lịch sử
　 Việt Nam.

쓰기 연습　　　　　　　　　　81쪽

1 ❶ Ngày mai chị có thể đến được không?

　 ❷ Quả xoài này bao nhiêu một cân?

　 ❸ Thời tiết hôm nay thế nào?

　 ❹ Sở thích của anh là gì?

　 ❺ Em đã đến Hà Nội bao giờ chưa?

2 có vẻ / hay 또는 thường / đừng / cho

BÀI 07

Anh nên đi bằng máy bay.

당신은 비행기로 가는 것이 좋겠어요.

참 쉬운 회화   84쪽

회화·1

수진   베트남 사람은 주로 무엇을 타고 다녀?

따이   사람들은 주로 오토바이를 타고 다녀.
       베트남에서 오토바이는 매우 보편적이야.

수진   왜 사람들은 오토바이 타는 것을 좋아해?

따이   오토바이 타는 것은 쉬울 뿐만 아니라 편
       리하기도 해.

회화·2

호진   란(Lan), 하노이에서 후에까지는 얼마나
       오래 걸려?

란   기차로 약 13시간 걸려요. 제 생각에는
       오빠는 비행기로 가는 게 좋겠어요.

호진   응. 그러면 후에에서 뭘 타고 다니는 게
       좋을까?

란   도시를 관광하기 위해 오토바이를 빌릴
       필요가 있어요.

실력 다지기 문법   86쪽

1 ③

2 ❶ Anh Minh không những nói được tiếng
       Hàn mà còn nói được tiếng Pháp nữa.
     ❷ Trời hôm nay không những đẹp mà còn
       ấm nữa.

3 ❶ bao nhiêu   ❷ bao lâu

4 ❶ 나는 밤 11시 이전에 집에 돌아가야 해.
     ❷ (부모님이 자녀에게) 너는 할아버지, 할머니를
       방문하러 갈 필요가 있단다.

표현 키우기 문장 연습   89쪽

❶ 당신은 주로 무엇을 타고 출근합니까?
   나는 주로 버스를 타고 출근합니다.

❷ 버스는 편리할 뿐만 아니라 가격이 싸기까지 합
   니다.
   비행기는 빠를 뿐만 아니라 안전하기까지 합
   니다.

❸ 여기에서 거기까지 얼마나 오래 걸립니까?
   여기에서 거기까지 약 1시간이 걸립니다.

💬 다음 문장을 베트남어로 말해 보세요.

• Bạn thường đi học bằng gì?

• Tàu hỏa(Xe lửa) không những chậm mà còn
  giá đắt nữa.

• Từ trường đến nhà tôi mất khoảng 20 phút.

실력 쌓기 연습문제   90쪽

1 ②

> **듣기 대본**
>
> A Anh Jun, khi đi du lịch ở Việt Nam thì
>   anh thường đi lại bằng gì?
> B Khi mới đến Việt Nam, anh đi lại bằng
>   taxi.
> A Thế, anh không chạy xe máy à?
> B Không. Theo anh, chạy xe máy ở Việt
>   Nam hơi nguy hiểm.
>
> • mới 머이 막, 방금 | chạy 짜이 달리다, 몰다 |
>   nguy hiểm 응우이 히엠 위험하다
> --
> A 준 오빠, 베트남에 여행 갔을 때 오빠는
>   주로 뭘 타고 다녔나요?
> B 베트남에 막 갔을 때는 택시를 타고 다
>   녔어.
> A 그러면 오토바이는 안 몰았어요?
> B 응. 나는 베트남에서 오토바이 모는 게
>   좀 위험하다고 생각해.

2 여러분은 베트남에서 주요 교통수단이 무엇인지 알고 있나요? 그것은 오토바이입니다. 대부분의 베트남 사람은 다 오토바이를 가지고 있습니다. 베트남에서는 누구나 다 오토바이를 몰 줄 압니다. 베트남의 도로가 좁고 작기 때문에 오토바이를 타고 가는 것이 편리할 뿐만 아니라 빠릅니다.

❶ Theo Lan, phương tiện đi lại chủ yếu ở Việt Nam là xe máy.

❷ Phần lớn người Việt Nam đều có xe máy.

❸ Ở Việt Nam ai cũng biết chạy xe máy.

❹ Ở Việt Nam đi xe máy không những thuận tiện mà còn nhanh.

3 ❶ Người Hàn Quốc thường đi lại bằng gì?

❷ Bạn nên về nhà sớm.

❸ Chị đã đến đây bao lâu rồi?

4 [참고 답안]

❶ Em thường đi học bằng xe buýt.

❷ Theo em, anh nên đi bằng máy bay.

BÀI 08 Cho tôi một đĩa tôm nướng.

새우구이 한 접시 주세요.

참 쉬운 **회화** 96쪽

회화 1

종업원 여러분 무엇을 드시겠습니까?

따이 새우구이 한 접시 주세요. 너는?

수진 나는 분보후에와 반쌔오를 먹고 싶어.

종업원 여러분 무엇을 마시겠습니까?

따이 333맥주 한 병 주세요.

수진 망고 스무디 한 잔 주세요.

회화 2

란 이 가게의 음식들은 너무 맛있네요.

호진 응, 진짜 맛있다. 특히 소고기 쌀국수가 정말 맛있네.

너는 뭘 더 시킬 필요가 있니?

란 아니요, 저는 충분히 먹었어요.

저기요, 계산해 주세요.

종업원 네, 잠시만 기다려 주세요.

실력 다지기 **문법** 98쪽

1 ❶ một suất   ❷ hai cốc 또는 hai ly

❸ bốn cái

3 ❶ Em sẽ mua thêm một cái áo nữa.

❷ Anh gọi thêm một ly cà phê nữa rồi.

4 ②

❶ 나에게 펜 한 자루를 주세요.

    나에게 망고 두 개를 주세요.

❷ 나는 한 시간 더 공부합니다.

    나는 한 시간 더 연습합니다.

❸ 그 친구는 나에게 편지를 보냅니다.

    우리 즐겁게 함께 가요.

💬 다음 문장을 베트남어로 말해 보세요.

• Cho tôi một bát phở gà.

• Chị muốn uống thêm một cốc nữa.

• Anh ấy gửi tiền cho tôi.

1 ③

> **듣기 대본**
>
> A Chào chị, chị dùng gì ạ?
> B Cho tôi một đĩa tôm nướng, một đĩa nem rán và một cốc nước cam.
> A Xin lỗi, chúng tôi không có nước cam ạ.
> B Thế, cho tôi một cốc cô ca.
>
> ---
>
> A 안녕하세요, 무엇을 드시겠습니까?
> B 새우구이 한 접시와 스프링롤 한 접시, 오렌지 주스 한 잔 주세요.
> A 죄송하지만 저희는 오렌지 주스가 없습니다.
> B 그러면 콜라 한 잔 주세요.

2

> 오늘 나와 친구 따이(Tài)는 베트남 음식을 먹기 위해 베트남 식당에 갔습니다. 나는 분보후에 한 그릇, 반쎄오 한 개, 망고 스무디 한 잔을 주문했고, 따이(Tài)는 새우구이 한 접시와 333맥주 한 병을 주문했습니다. 우리가 주문한 모든 음식들은 다 매우 맛있어서 우리는 정말 기뻤습니다.

❶ Hôm nay Su-jin và Tài đã đi quán Việt Nam để ăn món Việt Nam.

❷ Su-jin đã gọi một tô bún bò Huế, một cái bánh xèo và một cốc sinh tố xoài.

❸ Tài đã gọi một đĩa tôm nướng và một chai bia 333.

❹ Tất cả các món mà họ gọi đều rất ngon.

3 ❶ Các anh chị uống gì ạ?

❷ Tôi muốn uống thêm một cốc cà phê nữa.

❸ Tôi thích nghe nhạc, đặc biệt là nhạc trữ tình.

4 [참고 답안]

❶ Cho tôi một bát phở bò.

❷ Cho tôi thêm một đĩa nem rán nữa. 또는 Tôi muốn gọi thêm một đĩa nem rán nữa.

BÀI 09 Cháu bị sốt và đau đầu ạ.
저는 열이 나고 머리가 아파요.

참 쉬운 회화 108쪽

회화 1

수진 여보세요, 거기 따이(Tài)야?

따이 아, 아까 나한테 전화했었어?

수진 응, 오늘 너 출근하는 걸 못 봐서.

따이 어제저녁부터 감기에 걸려서 휴가를 냈어.

수진 어머, 심하게 아프니?

따이 약 먹은 후에, 나는 더 나아졌어.

회화 2

의사 안녕, 어떻게 아프니?

호진 저는 열이 나고 머리가 아파요.

의사 감기에 걸린 것 같구나. 내가 열을 재볼게.
열이 너무 높다, 38도네.
이 약을 3일간 먹으렴.

호진 네, 감사합니다. 의사 선생님.

실력 다지기 문법 110쪽

2 ❶ bị / được ❷ bị
  ❸ được

3 ❶ Bạn ăn bánh cho đỡ đói bụng.
  ❷ Tôi đã nghỉ ngơi nên đỡ ốm hơn.

4 ❶ Chắc là đêm hom qua chị ấy thức khuya.
  ❷ Chắc là hôm nay em ấy mệt.

5 ③

표현 키우기 문장 연습 115쪽

❶ 당신은 어떻게 아픕니까?
  나는 열이 나고 머리가 아프고 기침을 합니다.

❷ 당신은 심하게 아픈가요?
  약을 먹고 난 후에, 나는 보다 덜 해졌습니다.

❸ 그 누나(언니)는 이미 간 것 같아요.
  어디 봅시다.

💬 다음 문장을 베트남어로 말해 보세요.

• Tôi bị đau họng.

• Sau khi uống thuốc, tôi đỡ đau rồi.

• Để tôi khám bệnh.

실력 쌓기 연습문제 116쪽

1 ③

듣기 대본

A Chào em, em bị làm sao vậy?

B Dạ, em đau răng quá. Em không ngủ được.

A Vậy hả? Để tôi khám xem. Em đau từ khi nào?

B Em đau từ 2 ngày trước ạ. Đau lắm. Không ăn được gì cả.

• răng 장(랑) 이, 치아

A 안녕, 어디가 아프니?

B 이가 너무 아파요. 잠을 잘 수가 없어요.

A 그래? 내가 진찰해 볼게. 언제부터 이펐어?

B 이틀 전부터요. 너무 아파요. 하나도 먹을 수가 없어요.

2

> 오늘 나는 병원에 가야만 했습니다. 왜냐하면 어제저녁부터 아팠기 때문입니다. 나는 머리가 아프고 열이 나고 목구멍이 아프고 콧물이 났으며 가끔씩 기침을 했습니다. 나는 감기에 걸린 것 같았습니다. 진찰을 받을 때 의사는 내가 열이 너무 높고 약을 3일 동안 먹어야 한다고 말했습니다. 집에 온 후에 나는 많이 푹 쉬었습니다.

  ❶ Ho-jin bị ốm từ tối hôm qua.

  ❷ Ho-jin đau đầu, sốt, đau họng, sổ mũi, thỉnh thoảng ho.

  ❸ Theo bác sĩ, Ho-jin phải uống thuốc trong 3 ngày.

  ❹ Sau khi về nhà, Ho-jin nghỉ ngơi thật nhiều.

3 ❶ Lúc nãy, bạn đã gọi điện thoại cho mình à?

  ❷ Hôm nay tôi xin nghỉ làm.

  ❸ Chắc anh ấy bị ốm nên không đi làm.

4 [참고 답안]

  ❶ Chị bị đau đầu.

  ❷ Tôi bị ho và sổ mũi.

BÀI 10 # Chị đi thẳng đường này.

이 길로 **직진하세요.**

참 쉬운 회화   122쪽

회화 · 1

수진   말씀 좀 여쭙겠습니다.

행인   네, 무엇인가요?

수진   근처에 대극장이 있나요?
        저에게 길을 알려 주세요.

행인   이 길을 직진해서 사거리에 도착하면 오른쪽으로 도세요. 대극장은 왼쪽에 있어요.

회화 · 2

호진   좀 물어볼게요. ABC 마트는 여기서 얼마나 멀리 떨어져 있나요?

행인   잘 모르겠어요. 아마 약 500m일 거예요. 계속 약 200m 쭉 가세요. 두 번째 사거리에 도착하면 좌회전하세요. ABC 마트는 공원 옆에 있어요.

호진   정말 감사합니다.

실력 다지기 문법   124쪽

1 ③

3 ❶ Quê bạn cách đây bao xa?

  ❷ Busan cách Seoul bao xa?

4 ❶ Có lẽ ngày mai họ sẽ về nước.

  ❷ Có lẽ bệnh viện ở gần đây.

표현 키우기 문장 연습   127쪽

❶ 근처에 전통 시장이 있나요?
     당신은 이 길로 직진하세요.
     당신은 사거리에 도착하면 좌회전하세요.

정답 및 해석

❷ 서점은 여기서 얼마나 멀리 떨어져 있나요?
아마 약 1km 정도입니다.

❸ 당신은 계속 약 200m 직진하세요.
서점은 바로 맞은편에 있습니다.

💬 다음 문장을 베트남어로 말해 보세요.

• Ở gần đây có nhà thuốc không?
• Trung tâm thương mại cách đây bao xa?
• Cửa hàng miễn thuế ở bên cạnh công viên.

실력 쌓기 **연습문제**　　128쪽

1 ①

> 듣기 대본
>
> A Anh ơi, xin cho tôi hỏi một chút.
> Trường đại học Hà Nội ở đâu ạ?
> B À, chị đi thẳng đường này, đến ngã tư
> thì rẽ trái. Chị cứ đi thêm khoảng 200 m
> nữa. Chị sẽ thấy trường đại học Hà Nội
> ở bên phải của chị.
> A Cám ơn anh nhiều!
>
> • trường đại học 쯔엉 다이 혹 대학교
>
> ────────────────
>
> A 저기요, 말씀 좀 묻겠습니다. 하노이 대
> 학교는 어디에 있나요?
> B 아, 이 길로 쭉 가셔서 사거리에 도착하면
> 왼쪽으로 도세요. 계속 약 200m를 더 가
> 세요. 당신의 오른쪽에서 하노이 대학교
> 를 보실 수 있을 거예요.
> A 정말 감사합니다!

2

> 한가할 때 나는 주로 시내를 관광합니다. 나
> 는 보통 풍경을 보기 위해 걷습니다. 갑자
> 기 나는 길을 잃어서 한 사람에게 대극장까
> 지 가는 방법을 물어보았습니다. 그 사람은
> "직진해서 사거리에 도착하면 우회전하세
> 요. 대극장은 왼쪽에 있습니다"라고 말했습
> 니다. 그 덕분에 나는 길을 찾을 수 있었습
> 니다.

❶ Khi rảnh, Su-jin thường tham quan thành phố.
❷ Su-jin thường đi bộ để xem phong cảnh.
❸ Khi bị lạc đường, Su-jin đã hỏi một người cách đi đến nhà hát Lớn.
❹ Su-jin tìm được đường đi đến nhà hát Lớn.

3 ❶ Làm ơn chỉ đường cho tôi.
❷ Sân bay cách đây bao xa?
❸ Có lẽ bưu điện ở bên cạnh công ty Hoa Mai.

4 [참고 답안]
❶ Ở gần đây có chợ không? Xin chỉ đường cho tôi.
❷ Bệnh viện cách đây khoảng 500 m.

168

BÀI 11

Phòng tuy nhỏ nhưng đầy đủ tiện nghi.

방은 비록 작지만 시설이 잘 갖추어져 있어요.

참 쉬운 **회화**   134쪽

회화·1

수진　이 집에 방을 빌려 주는 게 맞아요?

집주인　네. 들어와서 방을 보세요.

　　　나는 3층에 방 하나를 임대해 주고 있어요.

　　　방은 비록 작지만 시설이 잘 갖추어져 있어요.

수진　방에 에어컨이 있나요?

집주인　있죠. 또한 천장 선풍기도 있어요.

회화·2

호진　체크아웃을 하고 싶어요.

호텔 직원　네, 몇 호실인가요?

호진　507호요. 저는 이틀 있었어요.

호텔 직원　네, 다 되었습니다. 택시를 불러 드릴까요?

호진　네, 저를 도와 택시를 불러 주시길 부탁드려요.

실력 다지기 **문법**   136쪽

1 ❶ Tiếng Việt tuy khó nhưng thú vị.

　❷ Khách sạn này tuy giá rẻ nhưng phục vụ tốt.

3 ③

4 ❶ 당신에게 저를 도와 오토바이 빌리는 것을 부탁드려요.

　❷ 동생아, (언니를 도와) TV를 꺼줘.

표현 키우기 **문장 연습**   139쪽

❶ 당신은 차로 짐을 옮겨야 할 필요가 있나요?

　네, 저를 도와 차로 짐을 옮겨 주시길 당신에게 부탁드려요.

❷ 방은 비록 작지만 환기가 잘 됩니다.

　방은 넓지 않지만 깨끗합니다.

❸ 당신은 수업이 끝났습니까?

　네, 저는 수업이 끝났습니다.

　아니요, 저는 아직 수업이 끝나지 않았습니다.

💬 다음 문장을 베트남어로 말해 보세요.

• Nhờ anh mang hành lý lên phòng giúp tôi.

• Phòng tuy nhỏ nhưng mát mẻ.

• Tôi làm xong rồi.

실력 쌓기 **연습문제**   140쪽

1 ②, ③

> **듣기 대본**
>
> A Chào anh, tôi muốn thuê phòng.
>
> B Dạ, chị muốn loại phòng nào ạ?
>
> A Phòng đơn bao nhiêu một đêm?
>
> B Dạ, 20 đô la một đêm ạ. Trong phòng có quạt trần. Nhưng không có máy lạnh ạ.
>
> A Vậy hả? Thế trong phòng có tivi không?
>
> B Dạ, có chứ ạ.
>
> • **phòng đơn** 퐁 던 1인실 ｜ **đô la** 도 라 달러

A 안녕하세요, 방을 빌리고 싶은데요.

B 네, 어느 종류의 방을 원하시나요?

A 1인실은 하루에 얼마인가요?

B 네, 하룻밤에 20달러입니다. 방 안에는 천장 선풍기가 있습니다. 하지만 에어컨 은 없습니다.

A 그런가요? 그러면 방 안에 TV는 있나요?

B 네, 있지요.

2

오늘 아침 나는 이사하기 위해 방을 보러 갔습니다. 나는 매우 아름다운 어떤 집의 3층에 있는 방을 보았습니다. 방은 비록 작지만 에어컨, 천장 선풍기, 옷장 등 옵션이 충분히 갖추어져 있어 편리합니다. 나는 이 방이 너무 좋았는데, 가격도 합리적이기 때문입니다. 나는 이 방을 빌릴 것이고 다음 주에 이사할 예정입니다.

❶ Sáng nay, Su-jin đã đi xem phòng để chuyển nhà.

❷ Phòng mà Su-jin đã xem ở tầng 3 của một nhà rất đẹp. Phòng mà Su-jin đã xem tuy nhỏ nhưng đầy đủ tiện nghi.

❸ Trong phòng mà Su-jin đã xem có máy lạnh, quạt trần, tủ áo v.v…

❹ Vì giá cả hợp lý.

3 ❶ Phòng số bao nhiêu?

❷ Nhà này cho thuê phòng, phải không?

❸ Trong phòng có tủ áo không?

4 [참고 답안]

❶ Nhà mới của chị sạch sẽ.

❷ Nhờ anh mang hành lý giúp tôi.

 **Ôn tập**
복습

단어 체크   145쪽

1 ❶ 보편적이다   ❷ 기차

❸ 비행기   ❹ [단위] 접시

❺ [단위] 컵, 잔   ❻ 추가하다

❼ 일을 쉬다

❽ 약을 마시다, 약을 먹다

❾ 머리가 아프다   ❿ 근처

⓫ 길, 거리   ⓬ 얼마나 멀리

⓭ 체크아웃하다   ⓮ 빌려 주다, 임대하다

⓯ 에어컨

⓰ 옵션이 갖추어져 있는, (시설이 갖추어져 있어) 편리한

2 ❶ mọi người   ❷ nên

❸ dùng   ❹ gọi

❺ sốt   ❻ bị cảm

❼ ngã tư   ❽ cách

❾ nhờ   ❿ vào

듣기 연습   148쪽

1 ❶ đi lại   ❷ Cho / bát

❸ Chắc là

듣기 대본

① Người Hàn Quốc thường đi lại bằng gì?

② Cho tôi hai bát phở bò.

③ Chắc là bạn bị cảm rồi.

2 [참고 답안]

❶ Khi đi đảo Jeju, tôi thường đi bằng máy bay.

❷ Trong các món ăn Việt Nam, tôi thích món phở nhất.

❸ Khi bị cảm, tôi bị đau đầu, sốt, sổ mũi, ho.

> 듣기 대본
>
> ① Khi đi đảo Jeju, bạn thường đi bằng gì?
>
> ② Trong các món ăn Việt Nam, bạn thích món nào nhất?
>
> ③ Khi bị cảm, bạn cảm thấy trong người thế nào?

3 ❶ B ❷ A ❸ C ❹ B

> 듣기 대본
>
> ① A Anh Minh ơi, cuối tuần này em định đi Đà Lạt chơi. Theo anh, em nên đi Đà Lạt bằng gì?
>
> B À, em Linh, em định đi Đà Lạt à? Em nên đi bằng máy bay. Nếu đi bằng xe buýt thì mất khoảng 8 tiếng em ạ.
>
> A Vâng. Máy bay nhanh hơn xe buýt.
>
> ─────────
>
> A 밍(Minh) 오빠, 이번 주말에 저는 달랏에 놀러 갈 예정이에요. 오빠 생각에는 제가 달랏에 무엇을 타고 가는 게 좋을까요?
>
> B 아, 링(Linh), 너 달랏에 갈 예정이야? 너는 비행기를 타고 가는 게 좋아. 만약 버스를 타고 가면 약 8시간 걸려, 동생아.
>
> A 네. 비행기가 버스보다 빠르네요.

② A Axxi. Chào bác sĩ ạ.

B Chào cháu, cháu bị làm sao thế?

A Cháu bị sốt, đau đầu và ho.

B Chắc cháu bị cảm rồi. Để cô khám cho.

· axxi 악씨 에취[재채기할 때 나는 소리]

─────────

A 에취, 안녕하세요, 의사 선생님.

B 안녕, 너는 어떻게 아프니?

A 저는 열이 나고 머리가 아프고 기침을 해요.

B 너는 감기에 걸린 것 같구나. 진찰해 줄게.

③ A Xin hỏi, ở gần đây có ngân hàng ABC không?

B Vâng, chị đi thêm khoảng 500 mét nữa thì đến.

A Cám ơn anh.

─────────

A 좀 물어볼게요. 근처에 ABC 은행이 있나요?

B 네, 약 500m를 추가로 더 가시면 도착해요.

A 감사합니다.

④ A Nhà này cho thuê phòng, phải không ạ?

B Dạ, mời anh vào. Tôi cho thuê một phòng ở tầng 4.

A Trong phòng có cửa sổ không?

B Có chứ. Ngoài ra còn có máy lạnh và quạt trần nữa.

· cửa sổ 끄어 쏘 창문

A 이 집이 방을 빌려 주는 게 맞나요?

B 네, 들어오세요. 나는 4층에 방을 하나 빌려 주고 있어요.

A 방 안에 창문이 있나요?

B 있지요. 또한 에어컨과 천장 선풍기도 있어요.

문법 연습　　149쪽

1 ❶ B　❷ A　❸ B　❹ A

2 ❶ X → Anh làm ơn cho tôi hỏi một chút.
❷ O
❸ X → Cháu Linh được thầy giáo khen.
❹ O

말하기 연습　　150쪽

1
나는 호찌민에서 한 베트남 회사를 위해 일하고 있습니다. 우리 회사는 우리 집에서 약 2km 떨어져 있습니다. 나는 주로 오토바이를 타고 출근합니다. 오늘 나는 열이 나고 머리가 아파서 진찰을 받으러 가기 위해 일을 쉬도록 요청했습니다. 의사는 내가 감기에 걸린 것 같다고 말했습니다. 집에 온 후에 나는 약을 먹고 푹 쉬어서 좀 괜찮아졌습니다. 저녁에 나는 집 근처 한 베트남 레스토랑에 저녁을 먹으러 갔습니다. 그곳에는 소고기 쌀국수, 분 보 후에, 죽 등 맛있는 베트남 음식이 많이 있었습니다. 나는 건강하지 않다고 느껴져 건강을 위해 해산물 죽을 먹었습니다.

❶ Yong-jun đang làm việc cho một công ty Việt Nam ở thành phố Hồ Chí Minh.
❷ Công ty Yong-jun cách nhà anh ấy khoảng 2 km.
❸ Yong-jun thường đi làm bằng xe máy.
❹ Hôm nay Yong-jun bị sốt và đau đầu.
❺ Sau khi về nhà, uống thuốc rồi nghỉ ngơi thật nhiều nên Yong-jun thấy đỡ hơn.
❻ Yong-jun gọi cháo hải sản ở nhà hàng Việt Nam.

쓰기 연습　　151쪽

1 ❶ Anh thường đi lại bằng gì?
❷ Chị có gọi thêm gì nữa không ạ?
❸ Em đã uống thuốc chưa?
❹ Ngân hàng cách đây bao xa?
❺ Chị có cần gọi tắc xi không?

2 cho / cách / rẽ / bên

172